国家“十二五”重点图书
当代城市发展与管理丛书
主编：诸大建

城市保障性住房提供的三方合作模式研究

邓大伟　著

同濟大學出版社
TONGJI UNIVERSITY PRESS

内 容 提 要

随着我国经济社会的发展、城市化进程的持续，城市住房矛盾日益激化。在城市住房供应总量不足的前提下，保障性住房的提供成为化解住房矛盾的关键，但保障性住房提供效率低下、效果不足的问题一直饱受诟病。本书针对保障性住房提供的效率、效果问题，对城市保障性住房的有效提供模式进行了探讨，并提出了可操作的研究模式。

本书可供房地产业研究人员和管理人员参考阅读。

图书在版编目(CIP)数据

城市保障性住房提供的三方合作模式研究/邓大伟著. —上海：同济大学出版社，2015.6

(城市发展与管理丛书/诸大建主编)

ISBN 978-7-5608-5677-3

Ⅰ.①城… Ⅱ.①邓… Ⅲ.①住宅—社会保障—研究—中国 Ⅳ.①D632.1②F299.2

中国版本图书馆 CIP 数据核字(2014)第 254298 号

城市保障性住房提供的三方合作模式研究

邓大伟 著

责任编辑 徐国强 责任校对 徐春莲 封面设计 陈益平

出版发行 同济大学出版社 www.tongjipress.com.cn

(地址：上海市四平路 1239 号 邮编：200092 电话：021-65985622)

经 销 全国各地新华书店

印 刷 同济大学印刷厂

开 本 787mm×1092mm 1/16

印 张 12

字 数 299000

版 次 2015 年 6 月第 1 版 2015 年 6 月第 1 次印刷

书 号 ISBN 978-7-5608-5677-3

定 价 36.00 元

Foreword
序

组织研究出版《当代城市发展与管理丛书》是基于以下对中国新型城镇化及其主要问题的基本考虑。如果说过去30年的经济高增长是中国给世界带来的一个惊奇，可以预料未来20～30年的中国新型城镇化会给世界带来新的惊奇。到2030～2040年左右，中国将会有大约10亿左右的城市人口，出现3～5个世界上规模最大的巨型城市区域，出现不下10个人口超过千万的巨型城市，建成长达1.8万公里的世界上最长的高铁网络体系，拥有世界上最多的城市地铁，中国高铁会成为中国制造的新品牌。从新型城镇化要解决的人、地、钱、治理四个主要问题来看，可以用“加减乘除”来解读和概括新型城镇化的要义和挑战，讨论“四个挂钩”的政策动向以及相关问题。

(1)“加”是增加城市户籍人口或者享受城市公共服务的人口，针对性的政策是户籍制度与常住人口居住时间挂钩。2012年，中国的户籍人口城市化率是35.3%，常住人口城市化率是52.6%，差值17.3%，大约2亿多人。改革开放30多年来，中国的城市化导致两者之间的差距拉大，形成了规模巨大的第三类人口，即非城非农人口。新型城镇化的首要目的，是要消除两者之间的差距，扭转当前城市化建城多进人少的倾向。按照国家新型城镇化的规划，到2020年，常住人口城市化要达到60%，户籍人口城市化率要达到45%，两者之间的差值减少到15%，享受城市公共服务的人口将增加1亿～1.3亿左右。从长远看，中国到2030～2045年，若将实现70%左右的城市化，则需要有3亿～4亿的增量人口进城。所以，高层提出的战略设想是三个一亿进城，到2020年先解决1亿人口户籍问题。这样做的主要政策手段，是按照城市规模大小分类放松户口管制，通过公共服务对城市人口的均等化，实现农民工以及其他流动人口的市民化。难点问题在于，在大城市、特大城市将户籍制度与常住人口的居住时间挂起钩来，政府政策与人口市场化走向之间存在着矛盾，户籍开放的中小城市农民工常常不愿意去，而农民工愿意去的大城市户籍制度仍然处于控制之中。

(2)“减”是减少城市增长的土地消耗和主要资源环境的消耗，针对性的政策是城市建设用地与常住人口实际数目挂钩。过去多年来特别是1990年代中期以来，中国的城市化具有土地城市化大于人口城市化的特征，许多城市土地年消耗速度对于人口年进城速度的弹性系数大于2，即前者是后者的2倍，导致了许多“鬼城”和“空城”的出现。按照人均建设用地100平方米计算，到2030年中国10亿人口进城的建设用地规模最大是10

万平方公里。但是有数据表明，截至目前的新城新区规划用地规模已经占到6万多平方公里，加上现有建成区面积4万多平方公里，整个建设用地已经大大超过了10亿人口的建设用地总量。即使高效率的上海，当前常住人口2400万，建设用地也已经接近3000平方公里的政策极限，透支了600平方公里土地。因此，新型城镇化的重要任务，就是采取城市建设用地与常住人口实际数目挂钩的政策，扭转土地城市化大于人口城市化的趋势。与此相关的值得研究的问题是，如何提高全国范围内城市发展的空间效率与效益，即如何围绕500万～1000万的区域中心城市，建设由高铁网络和普通铁路网络联系的巨型城市区域，有效益地建设距离大城市1小时交通的中小城市，普通铁路要覆盖20万人口城市，快速铁路要覆盖50万人口城市。而不是脱离区域中心城市和区域城市体系，天女散花式地搞中小城市的就地城市化。

(3)“乘”是开辟可以逐渐替代土地财政的多元资金渠道，针对性的政策是改革央地收支关系，使得转移支付与城市常住人口规模挂钩。过去多年来，城市化的财源很大程度来自土地批租。目前土地财政比重占地方财政收入的比重已经大大超过50%，每年有3万亿元左右。用土地财政推进城市化，当然有历史的依据，但是继续作为新兴城镇化的金融支撑，正在导致越来越多的问题。据国家发改委、中国社科院等机构计算，每个农民城市化的财政成本是10万～13万元，未来增量城市化4亿人口，至少需要40万～50万亿元资金支持。新型城镇化要解决土地财政问题，就需要建立新的多元化的资金保障体系。目前提出的改革方案强调转移支付要与城市常住人口挂钩，同时要开辟新的资金来源，包括允许地方发行债券、基础设施建设采取公私合作模式、征收房地产税等。后者的政策效果究竟如何，有许多不确定性，仍然是一个摸着石头过河的过程。理论上，中国城市发展的资金来源需要区分增量来源和存量来源两个方面，过去30年是依赖增量来源的土地财政，今后30年可以转向存量来源的物业税和不动产税等，但是其间需要有一个增量和存量同时起作用的过程。增量解决新的建设项目，存量解决现有的公共服务与基础设施维护等。可以预期的是，用多元资金替代土地财政不是一个立马能够实现的问题，而中国的城市化进程却在以每年一个百分点的速度前行，将会出现一个土地财政和其他资金渠道共同推进的过渡时期。

(4)“除”是政府权利需要在城市发展利益相关者之间进行共享，针对性的政策是城市发展政绩考核应该与政府的公共服务均等化挂钩。这方面值得讨论的问题是，相对于以往城市化的自上而下模式，笔者不认为新型城镇化可以马上进入许多学者乐观预期的自下而上模式，而是认为政府主导的利益相关者治理，才是未来20年新型城镇化的可行之路。关键问题是重塑政府，确定政府的职能。以往30年政府在城市化进程中把应该做的事情推给了市场，不应该做的事情拿在了手中。现在需要在政府与政府之间、政府与企业之间、政府与社会之间，强化政府在城市发展中的公共服务和统筹协调职能，实现从发展型政府到服务型政府的转型。从可持续发展的PSR模式即压力—状态—响应关系，分析新型城镇化的因果关系，可以看到人口与土地是第一层面的状态问题(State)；资金来源是第二层面的驱动力问题(Pressure)；城市利益相关者之间的合作治理是第三层面具有根本性意义的体制机制问题(Response)。要从根本上解决中国城镇化中的土地、人口、资金等问题，需要从三个方面推进新型城镇化的治理变革。一是政府层面的合作，包括纵向上中央与地方政府的合作和横向上政府不同部门之间的合作，例如城市发展中的多规合一或合作规划、联合建设与实施、事权财权的合理安排等；二是政府与私人部门之间的合作，例如通过公私合作伙伴关系即PPP模式解决城市发展急需的基础设施和公共服务等问题；三是公众与社会组织介入新型城市化进程，预防和减少政府规制下经常出现的各种负面问题，例如减少城市邻避事件发生等。

以上四个方面的问题，将会贯穿2030～2040年中国实现70%城市化的整个过程，对此进行持续研究，是我们的兴趣与目标。组织出版《当代城市发展与管理丛书》，旨在运用可持续发展和合作治理的理论和方法，对中国新型城镇化的加减乘除问题进行专题性的深入研究，开展多学科的讨论和集成。希望在国内众多的城市发展与管理学术探讨中，本丛书的研究具有与众不同的特色，能够带来不同角度的理论思考和政策启示。

是为序。

诸大建

2014年11月17日于同济大学

目录

序

第 1 章 绪论 11

1.1 研究背景 …… 12

1.1.1 国际背景 …… 12

1.1.2 国内背景 …… 12

1.1.3 问题背景 …… 15

1.1.4 相关概念 …… 16

1.2 研究目的与意义 …… 18

1.2.1 研究目的 …… 18

1.2.2 研究意义 …… 18

1.3 研究方法、内容与技术路线 …… 19

1.3.1 研究方法 …… 19

1.3.2 研究内容 …… 20

1.3.3 技术路线 …… 21

第 2 章 相关理论与文献综述 23

2.1 相关基础理论 …… 24

2.1.1 市场失灵相关理论 …… 24

2.1.2 政府失灵有关理论 …… 27

2.1.3 公共治理理论 …… 28

2.2 公共物品的分类与有效提供模式研究综述 …… 30

2.2.1 公共物品分类研究综述 …… 30

2.2.2 保障性住房提供模式研究综述 …… 35

2.3 公私合作(PPP)机制研究综述 …… 40

2.3.1 公私合作机制的理论基础及实质 …… 40

2.3.2 PPP 机制的发展及研究现状 …… 41

2.4 公众参与研究综述 …… 44

2.4.1 公众参与的发展 …… 44

2.4.2 有效公众参与的因素 …… 45

2.4.3 有效公众参与的范围 …… 46

2.4.4 有效公众参与的模式 …… 47
2.4.5 有效公众参与的途径 …… 47
2.5 总体评述 …… 50

第 3 章 保障性住房提供模式选择与三方合作模式 53
3.1 保障性住房属性分析及其提供的绩效评价 …… 54
3.1.1 保障性住房属性分析 …… 54
3.1.2 保障性住房提供绩效评价 …… 55
3.2 保障性住房提供模式的变迁及绩效评价 …… 57
3.2.1 大规模居住区建设 …… 57
3.2.2 “两个一千万”工程 …… 58
3.2.3 大型居住社区建设 …… 60
3.3 保障性住房提供模式选择 …… 62
3.3.1 保障性住房提供模式特征分析 …… 63
3.3.2 保障性住房提供模式特征评述 …… 69
3.4 保障性住房提供的三方合作模式 …… 69
3.4.1 提供效益最大化目标约束下的三方合作条件 …… 69
3.4.2 三方合作模式的构建 …… 77

第 4 章 基于保障性住房提供效率的公私合作机制 81
4.1 保障性住房提供的公私合作机制 …… 82
4.1.1 公私合作中的委托—代理问题 …… 82
4.1.2 公私合作取得成功的决定因素 …… 83
4.1.3 公私合作机制的构建 …… 86
4.2 激励机制 …… 87
4.2.1 激励模式选择 …… 87
4.2.2 激励方式改进 …… 89
4.3 监督机制 …… 93
4.3.1 内部监督 …… 93
4.3.2 外部监督 …… 94
4.4 风险分担机制 …… 96

4.4.1 风险类型 …… 96
4.4.2 风险特点 …… 98
4.4.3 风险分担原则 …… 99
4.4.4 风险分担方式 …… 100
4.5 决策权配置机制 …… 103
4.5.1 决策权配置构造的概念 …… 104
4.5.2 决策权配置原则 …… 104
4.5.3 决策权配置方式 …… 105

第 5 章 基于保障性住房提供效果的保障对象参与机制 109
5.1 保障对象参与边界分析 …… 110
5.1.1 保障对象参与的必要性 …… 110
5.1.2 保障对象参与的外部环境 …… 112
5.2 基于 Vroom-Yetton 模型的保障对象参与模型 …… 114
5.2.1 模型适用性判定 …… 115
5.2.2 模型修正 …… 117
5.2.3 模型应用 …… 122
5.3 基于提供效果的保障对象参与机制 …… 126
5.3.1 保障对象参与机制的构建 …… 126
5.3.2 偏好显示机制 …… 127
5.3.3 选择和评估机制 …… 128
5.3.4 监督控制机制 …… 129
5.3.5 评估反馈机制 …… 130
5.4 保障对象参与机制和公私合作机制的有机结合 …… 130

第 6 章 保障性住房提供效率的案例比较研究 135
6.1 案例概述 …… 136
6.1.1 纯政府机制提供住房案例(项目 A) …… 136
6.1.2 当前公私合作机制提供保障性住房案例(项目 B) …… 139
6.1.3 市场机制下提供商品住房案例(项目 C) …… 141
6.1.4 效率对比 …… 142

6.2 比较研究 …… 143
6.2.1 纯政府机制决策权配置构造特点 …… 143
6.2.2 当前公私合作机制决策权配置构造特点 …… 145
6.2.3 市场机制决策权配置构造特点 …… 147
6.2.4 效率损失原因分析 …… 148
6.3 结论与政策建议 …… 152
6.3.1 结论 …… 152
6.3.2 政策建议 …… 152

第7章 **保障性住房提供效果的实证研究** 155
7.1 顾客满意度理论研究现状 …… 156
7.2 保障对象满意度实证研究 …… 157
7.2.1 保障对象满意度影响因素分析 …… 157
7.2.2 理论研究与数据处理方法 …… 159
7.2.3 数据收集和样本描述 …… 163
7.2.4 测量变量信效度分析 …… 164
7.2.5 变量关系分析 …… 171
7.3 政策建议 …… 174

第8章 **总结与展望** 177
8.1 本书总结 …… 178
8.2 主要创新点 …… 179
8.3 研究的不足与后续研究展望 …… 180

参考文献 …… 181

附录：保障性住房试点居民满意度调查问卷 …… 188

01

第 1 章 | 绪论

1.1 研究背景
1.2 研究目的与意义
1.3 研究方法、内容与技术路线

1.1 研究背景

1.1.1 国际背景

住房问题是全世界城市发展必定遇到的一个问题。在现代社会,住房已成为人类生存的基本条件,保障居民的住房权,也已经成为任何一个国家政府的义务和责任。

国际上把公民的居住的权利(简称住房权或居住权),作为一种基本的人权。《世界人权宣言》第二十五条规定:"人人有权享受为维持其本人和家属的健康及福利所需的生活水准,包括食物、衣着、住房、医疗和必要的社会服务。"《公民权利和政治权利国际公约》在第一条中也指出:"所有人民得为他们自己的目的自由处置他们的天然财富和资源,在任何情况下不得剥夺一个人民自己的生存手段。"

保障居民住房权关键在于对城市住房问题的解决。城市住房问题产生的根本原因,在于伴随着城市经济的增长,城市化和工业化加速发展,人口向城市高度集中,对城市土地和住房的需求日益增大,由此推动城市住房价格攀升,城市中低收入家庭难以支付高昂的房价,从而产生住房问题。

城市住房问题是很多城市问题产生的根源,由于无力支付高昂的住房费用,大量低收入群体聚集在城市边缘,易产生犯罪问题、贫困问题、社会规范和社会道德弱化等一系列城市问题。为了缓解住房问题,世界各国均积极采取了各类措施。特别是第二次世界大战以来,住房保障制度在西方各国得到了长足的发展,一方面由于战争对住房破坏,城市住房矛盾尖锐;另一方面出于对 20 世纪 30 年代经济危机的深刻反思,主张政府干预经济、引入计划经济、扩大社会福利的思潮成为经济政策的主流。许多国家认为,通过政府的积极干预,解决城市低收入家庭的住房问题,实现"为每一个居民家庭提供良好的住房"以及"居者有其屋"的社会目标,既是维护社会安定的重要手段,也是社会收入再分配的重要方式。因此,各国根据自身的实际情况,制定了多样化、比较完善的住房保障制度,住房保障逐渐成为各国社会政策和社会保障制度的重要组成部分。

1.1.2 国内背景

1. 住房矛盾激化

随着我国城市化进程的加剧,住房市场持续发展,住房价格持续攀升,居民的平均收入水平虽有所提高，但与房价上涨幅度比较，仍有很大差距，广大中低收入群体依靠市场难以解决住房困难问题，住房问题在我国大城市尤为凸显。相关统计数据显示①，2009年我国房价收入比已达8.03，部分大城市如上海、北京等，房价收入比已达14。房价收入比，是指住房价格与城市居民家庭年收入之比。国际上通用的房价收入比的计算方式，是以住宅套价的中值，除以家庭年收入的中值，也就意味着，在上海、北京等大城市买一套住宅，需要一个普通家庭14年的全部收入。按照世界银行的标准，发达国家的房价收入比一般在1.8～5.5之间，发展中国家合理的房价收入比在3～6之间。

近几年来，住房问题成为每年全国两会的最热门话题，2010年3月，全国两会召开前夕，凤凰网——您最关心的两会议题调查显示②，31.7%的用户选择了住房问题，其受关注度远超其他民生问题，公民呼吁解决住房问题的声音日益高涨。与此同时，“蜗居”、“蚁族”等反映都市人住房困难的名词迅速成为热门词，住房问题逐步成为众多社会问题产生的根源。

当前，住房问题不再是单纯的民生问题，已逐渐发展成为社会问题乃至政治问题，如不能得到妥善解决，可能会引发一系列问题的产生。首先，在城市中工作的中低收入群体如果通过较长时间的奋斗仍不能获得一套属于自己的住房，将会缺乏对这座城市的归属感，这会导致城市对人才的吸引力减弱，长期来看，对城市的长远发展不利；其次，住房问题如不解决，城市贫民窟现象将会大量增加，国外大量经验证明，贫民窟是滋生犯罪等社会问题的温床；最后，与城市住房问题相伴而生的是商品住房价格畸高，高档住宅区由于投资、投机的存在，大量房屋空置。一面是无人居住的高档住宅，一面是买不起房子而不得不选择“蜗居”的“蚁族”，住房问题成为我国贫富差距加大的具象化体现，逐渐演化为动摇社会稳定的一个因素，而“稳定”又是在我国极为敏感的一个政治问题。由此可以看出，我国城市住房矛盾激化，城市住房问题已到了不得不解决的时刻。

住房矛盾激化引起了政府的高度重视。2007年8月1日，国务院常务会议讨论并原则通过了《国务院关于解决城市低收入家庭住房困难的若干意见》，标志着我国城市住房保障体系建设进入一个新阶段；十七大报告中，把“住有所居”作为解决民生问题的目标之一；2008年、2009年、2010年连续三年两会期间，住房保障问题均成为与会代表热议话题之一，如何解决好中低收入群体居住问题，成为社会各界普遍关注的热点问题。

2. 保障性住房建设成为破解住房难题的关键

我国城市住房保障方式的选择曾是学界探讨的焦点，城市住房保障方式一般有两

---

① 数据来源：引自：上海易居房地产研究院报告[EB/OL]. http://www. news. qq. com/a/20100521/000634. html，2010

② 数据来源：引自：全国两会网友聚焦住房难问题[EB/OL]. http://www. people. com. cn/GB/123231/11056475. html，2010

种：一是补贴供给——提供保障性住房；二是补贴需求——向保障对象发放住房补贴。

从国外住房保障经验看，选择正确的住房保障方式是成功解决住房问题的关键，补供给还是补需求需要根据各城市具体情况而定，包括城市所处的经济社会发展阶段、城市的住房数量、人口规模及保障对象的范围等[2]。

对于住房保障方式选择这一问题，无论是实践中还是理论上，可以确认的一点是：选择补贴需求的住房保障方式的前提是住房数量上的充足。住房是住房保障的基础，在房源紧缺的条件下选择补贴需求的策略，无疑会进一步扩大住房需求，在住房供应不变的情况下，将进一步增加住房的稀缺性，从而提升房价或租金水平，进而会使住房问题进一步恶化。

人多地少是我国城市的基本现状，尤其是在城镇化水平加剧提升的今天，各界对城市住房不足这一现实问题已达成共识。因此，以补贴供给——提供保障性住房的方式来解决住房问题已成为我国城市的现实选择。

在具体做法上，保障性住房的建设已成为当前各城市住房保障的主要工作，自 2007 年 8 月 1 日，《国务院关于解决城市低收入家庭住房困难的若干意见》发布以来，全国各大城市纷纷出台相应保障性住房建设计划。以上海为例，上海市政府 2008 年 1 月推出《上海市解决城市低收入家庭住房困难发展规划(2008—2012 年)》，明确规定：规划期内，累计筹集和建设廉租住房、经济适用住房约 2000 万平方米(平均每年约 400 万平方米)，33 万套，占同期全市住宅建设总量的 20%。

2008 年 11 月，为应对国际金融危机，中国政府推出“四万亿”计划，旨在通过投资保持经济增长，此项投资计划涉及基建、科教文卫、环境建设、灾区建设等十个领域，其中第一项内容为：“加快建设保障性安居工程。加大对廉租住房建设支持力度，加快棚户区改造，实施游牧民定居工程，扩大农村危房改造试点”，足见中央政府对保障性住房建设的重视。

2010 年 6 月，住建部等六部委联合发布《关于做好住房保障规划编制的通知》，部署 2010 年至 2012 年保障性住房建设规划和“十二五”住房保障规划编制工作。要求在规划期内(即“十二五”)，各地要通过城市棚户区改造和新建、改建、政府购置、租赁等方式，增加廉租住房和经济适用住房房源，加大租赁住房补贴力度，着力解决城市低收入家庭的住房困难；要加快建设公共租赁住房、限价商品住房，解决中等偏下收入家庭的住房困难。各级政府要加大政策支持力度，加快发展公共租赁住房，解决城市中等偏下收入包括符合条件的新就业职工、进城务工人员的住房问题。商品住房价格过高、上涨过快的城市，要大幅度增加公共租赁住房、经济适用住房和限价商品住房的供应。

可以看出，在当前及以后的一定时期内，保障性住房建设将是我国住房保障的主要方式，保障性住房的有效提供已成为破解住房难题的关键。

1.1.3 问题背景

在以提供保障性住房的方式来解决住房问题的背景下，保障性住房的提供效率、效果就成为有效解决住房问题的关键。从政府绩效的角度来看，保障性住房作为政府提供的一项公共服务，其提供的效率、效果直接决定着政府绩效。但就目前我国城市保障性住房的提供现状来看，效率、效果低下的问题普遍存在。

1. *效率问题*

如上节所述，多年来国家的相关政策对于保障性住房的建设一直予以强调，但结果却是保障性住房建设量的逐年萎缩。2008 年底，为应对国际金融危机的冲击，国家出台了“四万亿”救市方案，其中计划以 4 000 亿元投向廉租房、棚户区改造等保障性住房，当时各界曾乐观地以为 2009 年将迎来保障性住房的建设高潮。然而近两年的时间过去之后，虽然详细的执行情况不得而知，不过一些零星的数据显示并不乐观①。2009 年 10 月底，全国人大财经委员会发布的调研报告指出，2009 年全国保障性住房建设进度缓慢，按照计划，全国共需投入 1 676 亿元，其中，中央投入 493 亿元，占 29.4%，地方配套 1 183 亿元，占 70.6%，截至 2009 年 8 月底，地方保障性住房建设完成投资 394.9 亿元，完成率仅为 23.6%。2010 年 1 月初，国土资源部在“保增长保红线行动成效座谈会”上表示，2009 年 1 至 11 月，我国保障性住房用地供应 27.54 万亩，仅完成年度供应量的 46.66%。

上述数据显示了我国城市保障性住房提供效率的低下，官方显然也意识到了这一点，2010 年 5 月 19 日，住建部和各地方政府签订住房保障工作目标责任书，住建部部长姜伟新表示：保障性安居工程协调小组将实施对各地落实责任书情况进行督促检查，年底将组织验收住房保障工作目标责任书的完成情况，并将其纳入住房和城乡建设部、监察部对各省、自治区、直辖市住房保障工作的考核和问责内容。中央政府希冀以目标考核的方式保证地方保障性住房提供效率，且不论是否能够达到目的，其做法本身就折射出中央对地方保障性住房提供效率的不满，我国城市保障性住房提供效率的低下由此可见一斑。

2. *效果问题*

明显的例证即为保障性住房小区建成后的空置。近几年来，随着我国保障性住房建设力度的加大，保障性住房小区建成后空置的现象在我国各大城市均有出现。如北京天通苑，曾是全国最大的经济适用房小区，2005 就已建成交付使用，但 2010 年以来，多家媒

---

① 数据来源：引自：全国人大常委会专题调研保障性住房建设情况[EB/OL]. http://zb.people.com.cn/GB/14717/98407/120220/9791664.html，2009

体均报道小区内仍存在大量空置房源问题；上海于 2005 年正式提出“两个一千万”工程，即，在 2005 年新开工 1 000 万平方米重大工程配套商品房和 1 000 万平方米中低价商品住房，并力争全年可预售面积 2 000 万平方米。“两个一千万”工程提出时轰轰烈烈，但仅仅一年后就销声匿迹，其根本原因就在于提供效果的低下，建成的保障性住房小区无人问津、大量空置，最终不得不转化为商品房上市交易以缓解政府财力压力，政府部门随即弱化对其的宣传，直至最终淡出人们的视线。此外，我国二、三线城市经适房空置的报道也经常充斥报端。

经适房出租现象从另一个侧面反映了保障性住房提供效果的低下。从国家到地方均有不等层级的限制经适房出租的禁令，但如北京天通苑等经适房小区周边明晃晃打出招租广告，买的不住、住的不买成为经适房一大怪现象，当前各方声音均把这种现象归咎于经适房分配环节的权力寻租、暗箱操作，但规划环节远超标准的大户型经适房设计方案的出炉，已经为有钱人买经适房埋下了伏笔。

此外，保障性住房建造质量低下的问题也是提供效果不足的一个例证。新华网 2009 年 11 月报道①，曾是深圳 2007 年重大“民心工程”之一的经济适用房楼盘——桃源村三期，2009 年元旦，深圳市市长亲自将楼盘的钥匙交到业主手中。但业主仅入住半个月后，就发现房屋出现墙根渗水、墙面开裂等一系列问题。调查发现，施工单位存在明显的偷工减料等行为，而相关监理人员却无视施工单位的质量问题。新浪网 2010 年 10 月报道②，北京大兴明悦湾 6 栋保障房建成豆腐渣，须拆除重建。经检测和专家论证，该处 8 栋保障住宅楼混凝土试块强度不符合设计要求，北京市建设行政主管部门决定拆除该处 6 栋楼地上结构部分，另外两栋楼进行局部加固处理。

可以说，自我国城市保障性住房出现在人们视线中以来，其提供的效率、效果问题就一直被广为诟病，学界对此百家争鸣，但实践中却一直未见实效。

1.1.4 相关概念

1. 保障性住房

保障性住房是指：根据国家政策以及法律法规的规定，由政府统一规划、统筹，提供给特定的中低收入群体使用，并且对该类住房的建造标准和销售价格或租金标准给予限

---

① 资料来源：引自：“保障性住房”为何无保障—深圳首个经适房项目问题追踪[EB/OL]. http://news.xinhuanet.com/politics/2009-10/29/content_12356459.htm，2009

② 资料来源：引自：北京大兴明悦湾 6 栋保障性住房成豆腐渣，须拆除重建[EB/OL]. http://news.dichan.sina.com.cn/bj/2010/10/18/225529.html，2009

定，起社会保障作用的住房。

从经济学角度分析，保障性住房与商品住房相对应，具有两个基本特征：一是占用公共资源。或部分占用，比如经济适用房，土地无偿划拨，保障对象获得经济适用房无须支付土地成本，但仍需支付建设成本，与政府共有房屋产权；或全部占用，比如廉租房，产权全部归属政府所有，保障对象居住时，政府让渡使用权。保障性住房均为政府提供，广义地看，提供过程中所产生的行政成本亦为公共资源。二是定向供应。并非遵循商品市场中“价高者得”的规律，保障性住房的供应对象为城市住房困难的中低收入群体。按照公共物品分类理论，保障性住房带有公共物品性质。

当前，我国城市保障性住房主要有以下几类：

(1) 经济适用房。是指政府提供政策优惠，限定套型面积和销售价格，按照合理标准建设，面向城市低收入住房困难家庭供应，具有保障性质的政策性住房。经济适用房只售不租，供地采取划拨形式，保障对象支付规定费用后即取得房屋的部分产权，5 年内不得出租或上市交易，5 年后保障对象可购买经济适用房的剩余产权，获得完整产权后可以上市交易，完成由经济适用房到商品房的转换。

(2) 廉租房。廉租房是指政府以租金补贴或实物配租的方式，向符合城镇居民最低生活保障标准且住房困难的家庭提供社会保障性质的住房。廉租房只租不售，产权为政府所有，保障对象支付规定租金租住廉租房，政府让渡房屋使用权。

(3) 经济租用房。是近年来新兴的一种保障性住房形式，主要为满足廉租房与经济适用之间的夹心层的住房需求。顾名思义，经济租用房只租不售，相对廉租房而言，房屋面积稍大，租金水平较高。

廉租房、经济租用房、经济适用房构成了我国城市保障性住房提供的主要内容，是本书的研究对象。除此之外，各地政策口径中的保障性住房组成仍有些许差异，如北京的“两限房”、上海的“动迁安置房”，在各自的政策口径中均为保障性住房，虽有争议，但非本书研究对象，因此不再赘述。

2. 保障性住房的提供

保障性住房的提供是一个宽泛的概念，一般是指从对保障对象的界定直至保障对象获得住房的整个过程，完整的保障性住房提供由四个部分组成。第一部分：对保障对象的界定。政府需要测算一座城市拟纳入住房保障的范围，确定总保障户数，设置进入保障范围的家庭条件限制。第二部分：政府建房。从保障性住房项目立项开始至房屋交付使用的全部过程。第三部分：分配。将房屋分配至保障对象手中。第四部分：运营。保障性住房分配后的维修维护、物业管理等。

从研究的现实意义来看，政府建房过程是公共资源集中使用的过程，期间所显现的政府绩效直接决定住房问题解决的成败。因此，本书所研究的保障性住房提供，是完整意义上保障性住房提供的第二部分—政府建房，由 3 个阶段 20 个环节组成，如表 1.1 所示。

表 1.1　保障性住房提供的各组成环节

序号	阶段	环节	序号	阶段	环节
1	准备阶段	项目立项	11		材料选购
2		项目选址	12		施工方案
3		房产企业选择	13		进度控制
4		监理单位选择	14		质量控制
5		土地划拨	15		设计变更
6		规划方案	16		工程款支付
7	运行阶段	相关证照办理	17		工程签证
8		筹融资	18		工程决算
9		设计单位选择	19	交付阶段	竣工交付
10		施工单位选择	20		合同约定履行

1.2 研究目的与意义

1.2.1 研究目的

针对当前我国城市保障性住房提供中存在效率低下、效果不足的问题，以政府、企业、保障对象三方关系为切入点，研究契合我国城市发展现实情境的保障性住房提供模式，以期提高保障性住房提供的效率、效果，进而提高政府提供这一项公共服务的绩效。

1.2.2 研究意义

1. 理论意义

保障性住房带有公共物品性质，对其提供模式的研究可以丰富公共物品提供的相关理论。本书所论述的保障性住房提供的三方合作模式由公私合作机制和保障对象参与机制构成，公私合作、公众参与正是当前我国公共管理领域研究的热点及前沿，本书以保障性住房为载体，深入研究了相关理论在实际中的应用，同时通过应用又反哺理论，丰富了相关理论研究的内涵，具有较强的理论意义。

2. *实践意义*

保障性住房的提供是当前及以后较长时期内我国城市住房保障的主要方式，当前我国住房保障体系建设处于起步阶段，各地保障性住房建设仍十分粗放，造成保障性住房提供效率低下、效果不足。保障性住房依附于土地，其提供需要耗费土地这一城市发展最基本的资源，除此之外，需要耗费钢筋、水泥、木材等大量原材料，保障性住房提供的效率、效果不足将会造成资源的大量浪费。本书所研究的主要内容，正是针对保障性住房提供过程中所产生的问题，提出保障性住房提供的三方合作模式，从根本上改变现状，提高保障性住房的提供效率及效果，这使得本书研究具有较强的实践意义。

1.3 研究方法、内容与技术路线

1.3.1 研究方法

1. *系统研究方法*

本书把城市保障性住房的提供看作为一个有机整体，从整体中进行把握，既把保障性住房提供的各主体(政府、企业、保障对象)看作相互联系、影响和制约的，又把保障性住房提供的内外部影响要素(保障性住房的属性、保障性住房提供所面临的外部环境)看成是相互联系、影响和制约的，系统构建适应现实情境的保障性住房提供模式。应用系统的研究方法，有助于全面的而不是片面的，联系的而不是割裂的，综合的而不是孤立的去分析和研究保障性住房提供的本质与内在规律。

2. *实证研究方法*

采用构建结构方程模型的实证研究方法，对本书的理论假设进行论证。在抽样调查的基础上，获得保障对象满意度的相关数据，采用 SPSS17.0 和 AMOS7.0 作为数据资料分析的工具，对基础数据继续进行信度和效度分析，在因子分析的基础上构建结构方程模型。

3. *比较分析方法*

通过对保障性住房各提供模式的比较分析，综合得到适合实际情形的保障性住房提供模式;通过对不同保障性住房提供案例中决策权配置机制所对应的提供效率进行比较分析,得出相应结论。

1.3.2 研究内容

第 1 章,绪论。介绍本书的研究背景和意义,提出研究目标、内容及技术路线。

第 2 章,相关理论背景及文献综述。对应保障性住房提供现状中存在的问题,分别从保障性住房的提供模式、公私合作和公众参与等三个方面对已有主要文献进行评述,指出目前研究中存在的问题和未来的研究方向。

第 3 章,保障性住房提供的模式选择与三方合作模式。通过保障性住房的属性分析,得出保障性住房具有准公共物品属性的结论,从而提出保障性住房提供绩效的评价方式,进而结合上海现实提出保障性住房提供的效率、效果问题。从提高提供绩效角度,综合各种类型保障性住房提供模式的特征分析,指出应当通过公私合作机制提高提供效率,通过保障对象参与机制提高提供效果,在此基础上构建保障性住房提供的三方合作模式。

第 4 章,基于保障性住房提供效率的公私合作机制。在分析保障性住房提供公私合作中委托—代理问题的基础上,结合公私合作研究成果,提出保障性住房提供公私合作机制取得成功的四个决定因素,并由此形成了四个子机制:激励机制、监督机制、风险分担机制、决策权配置机制,其中决策权配置机制是提高提供效率的核心,通过子机制的合理设置,达到提高保障性住房提供效率的目标。

第 5 章,基于保障性住房提供效果的保障对象参与机制。通过对 Vroom-Yetton 公众参与模型的修正,获得基于 Vroom-Yetton 模型的保障对象参与模型,应用模型得到保障对象有效参与的环节及方式,进而得到保障对象参与机制的四个子机制:偏好显示机制、选择和评估机制、监督控制机制、评估反馈机制,通过子机制的合理设置,达到提高保障性住房提供效果的目标。

第 6 章,保障性住房提供效率的案例比较研究。设置保障性住房提供的纯政府机制(项目 A)、名义上的公私合作机制(项目 B)两个案例,同时设置商品房(项目 C)建房案例作为参考系,通过三个案例的提供效率与其所对应决策权配置构造的比较研究,探寻保障性住房提供效率背后的机制因素,从而对本书保障性住房提供公私合作机制的理论架构进行检验,并在此基础上给出了相应的政策建议。

第 7 章,保障性住房提供效果的实证研究。以保障对象满意度衡量保障性住房的提供效果,将顾客满意度理论应用在保障性住房的提供效果测评方面,采用问卷调查的方式获得基础数据,通过对保障对象满意度进行测评,研究保障对象满意度与保障性住房特征变量之间的关系,从而对保障对象参与机制理论模型的合理性进行验证,并提出了相应的政策建议。

第 8 章，总结与展望。对本书所做的主要研究工作进行总结，并提出研究的不足和进一步研究的方向。

1.3.3 技术路线

本书采用如下技术路线：

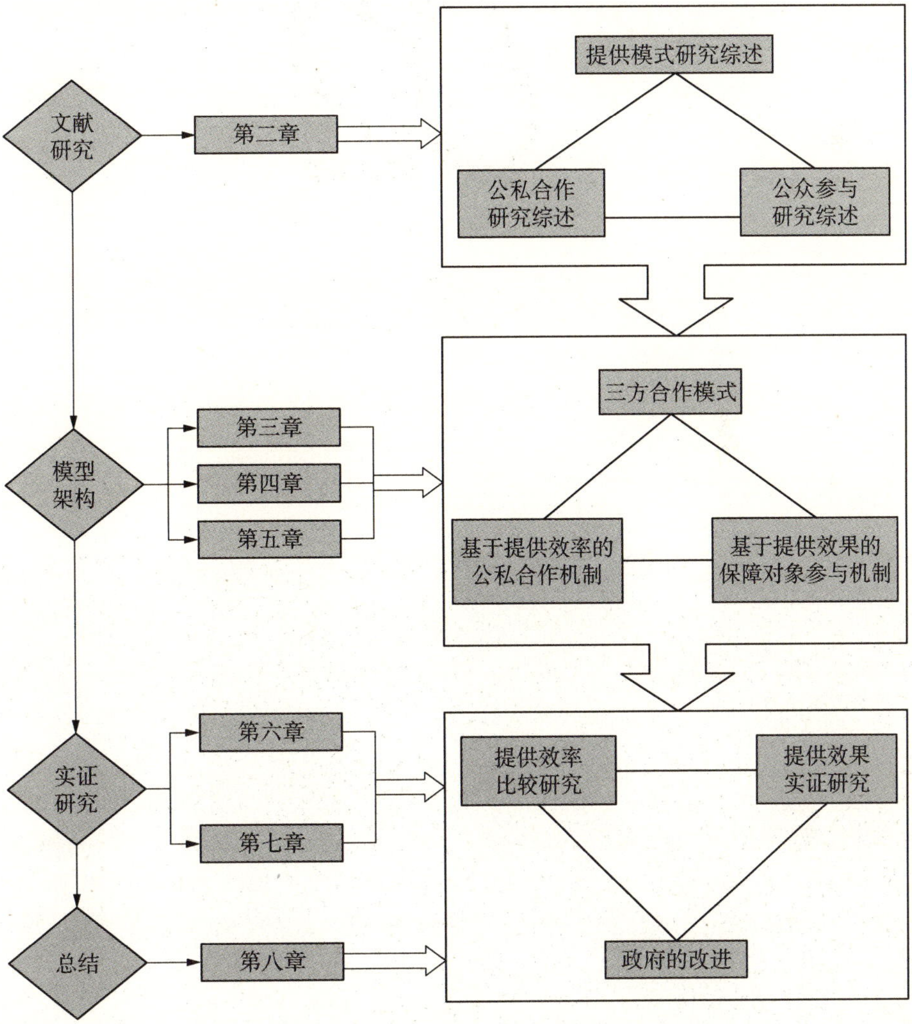

图 1.1　研究技术路线图

02

第 2 章 | 相关理论与文献综述

2.1 相关基础理论
2.2 公共物品的分类与有效提供模式研究综述
2.3 公私合作(PPP)机制研究综述
2.4 公众参与研究综述
2.5 总体评述

2.1 2.2 2.3 2.4 2.5

2.1 相关基础理论

2.1.1 市场失灵相关理论

1. 信息不对称理论

信息不对称理论产生于 20 世纪 70 年代，以 1970 年乔治·阿克洛夫(George Akerlof)在哈佛大学的《经济学季刊》上发表的论文《柠檬市场：质量、不确定性和市场机制》为标志。经济学家将某经济主体拥有、其他经济主体没有或无法验证的知识或信息称为“私有信息”、“不对称信息”或“非对称信息”。信息不对称普遍存在于现实经济活动之中，一般拥有较多信息的一方在交易中处于有利的地位，拥有较多信息者就可以在交易中策略性地利用这种信息优势损害对方，为自己谋利(张维迎，1996)。如果市场存在着严重的信息不对称，就会发生市场失灵。

不对称信息条件下的市场交易双方之间的关系在经济学中称为委托—代理关系。委托—代理理论兴起于 20 世纪 60 年代末 70 年代初(Wilson, 1969; Ross, 1973; Mirrlees, 1974)。委托—代理理论是在非对称信息的认识基础上发展起来的，并成为信息经济学研究的主要问题。信息经济学上的委托代理关系泛指任何一种涉及非对称信息的交易，交易中有信息优势的一方称为“代理人”(Agent)，另一方称为“委托人”(Principal)。这样的定义背后隐含的假定是，知情者(代理人)的私人信息(行动或知识)影响不知情者(委托人)的利益，或者说，不知情者不得不为知情者的行为承担风险(张维迎，1996)。委托—代理关系本质上是市场参与者之间的一种社会契约形式。经济学中最基本的假设是理性人假设，在各种约束条件下追求自身利益的最大化。因此，在交易双方信息占有不对称的情况下，代理人为了自身利益有可能凭借自身信息优势，隐瞒相关信息，选择对委托人不利的行为，从而产生信息不对称理论中的两个核心内容，即逆向选择(Adverse Selection)和道德风险(Moral Hazard)。逆向选择与道德风险的区别在于：逆向选择是事前的信息不对称，道德风险是事后的信息不对称。

逆向选择又称为不利选择，其信息不对称发生在合同签订之前，在合同签订之前，进行交易的一方拥有另一方所不具有的某些信息，而这些信息有可能影响后者的利益。为此，占据信息劣势的一方有可能作出对自己不利的选择，从而出现“劣币驱逐良币”现象。

市场效率和经济效率会因此而降低，逆向选择客观上会导致不合理的市场分配行为。

道德风险又称败德行为，其信息不对称发生在合同签订之后，指占有信息优势的一方（代理人）为使自身利益最大化而故意隐藏相关信息，对另一方（委托人）利益造成损害的行为。道德风险产生的原因主要有代理人隐藏行为，代理人和委托人的目标差异等。道德风险的存在增加了交易的风险性和交易成本。

为了解决信息不对称，阿克洛夫（George Akerlof，1970）得出如下见解：经济主体有强烈的激励去抵消信息问题对市场效率的不利影响，因此，许多市场机构都可以被看成是为了解决不对称信息问题而出现的。比格莱斯（Biglaiser，1993，1999）证明了向一个存在逆向选择机制的市场引入中间层可以增进效率。中间层有比个人更大的动机去投资类似于质量方面的监督。

在保障性住房提供中存在信息不对称，具体表现在政府部门与房产企业的合作过程中存在的逆向选择和道德风险，信息不对称理论为分析公私合作双方信息不对称现象提供了依据，为解决信息不对称问题提供了思路。

2. 外部性理论

（1）外部性的含义

外部性（Externalities）一词，在经济学文献中有时又被称为“外部效应（External Effects）”或“外部经济（External Economies）”。人们对外部性问题的争论始终是与经济福利、市场失灵、政府规制等重大议题密切相关的。

一个世纪以来，许多经济学家都曾从不同角度对外部性概念的内涵进行过探讨。英国经济学家马歇尔（1938）在 1890 年出版的经典著作《经济学原理》中首次提出并论述了外部经济概念。但马歇尔的外部经济概念主要是指由于企业外部的各种因素所导致的生产费用的减少。马歇尔的弟子、福利经济学的创始人庇古则在 1920 年发表的《福利经济学》一书中对外部性问题进行了系统分析，并从社会资源最优配置的角度出发，应用边际分析方法，提出了边际社会净产值和边际私人净产值，从而形成了较为完整的外部性理论，并提出了解决外部性问题的“庇古税”理论。

继庇古之后，许多经济学家对外部性问题展开了深入研究。新制度经济学的奠基人科斯 1960 年提出了科斯定理（Coase Theorem）。从新古典自由主义经济学的立场上对庇古理论进行的扬弃，使人们更加深刻地认识到，许多外部性问题并非一定要由政府干预，而是可以通过市场交易来解决，政府的责任是保护和界定产权。米德（Meade）、布坎南（Buchanan）和斯塔布尔宾（Stubblebine）、西多夫基（Scitovsky）、贝特（Bator）等人认为，外部性是这样一个集合，它与完全竞争的交集为空集，与市场失灵的交集为非空集（贾丽虹，2003）。也就是说，外部性与完全竞争市场的假设格格不入，它属于市场失灵范畴。当前，在经济学教科书中较为流行的关于外部性概念的定义，均来自 1962 年布坎南(Buchanan)和斯塔布尔宾(Stubblebine)的论述(林成，2007)：只要某人的效用函数或某厂商的生产函数所包含的某些变量在另一个人或厂商的控制之下，就表明该经济中存在外部性。

根据外部性对他人福利造成的影响，可以将其分为正外部性与负外部性；正外部性也称为外部经济或正外部影响，负外部性也称为外部不经济或负外部影响。如果某个经济主体的一项经济活动给社会其他成员带来损失，而自身却未通过市场交易付出相应的成本或代价，这种外部性就是外部不经济；反之，如果某个经济主体的一项经济活动给社会其他成员带来好处，而自身却未通过市场交易获得相应的收益或回报，这种外部性就是外部经济(高鸿业，2004)。因此，外部性的存在，使私人的边际成本或边际收益与社会的边际成本或边际收益发生背离。

(2) 外部不经济影响的解决方法

外部不经济之所以产生，关键在于向外界施加了外部影响的经济体没有付出相应的代价，即其私人成本与社会成本不一致，使资源配置效率偏离帕累托最优状态，使社会福利下降，导致市场失灵。要消除这种不一致，进而消除外部不经济的负面影响，就必须采取相应的措施对经济主体的经济活动进行干预，矫正外部不经济所造成的影响，可以通过以下几种方式：①增加税收；②内部化合并；③明确产权。1960 年，科斯发表了他的经典论文《社会成本问题》，提出“交易成本”这一重要范畴，从产权和交易成本的角度提出了解决外部性问题的新思路。按照科斯的思路，解决外部性问题的所有方案都需要一定的成本，没有理由认为由于市场和企业不能有效解决外部性问题，就认定政府规制是必要的。

总的来说，保障性住房作为准公共物品，存在外部性，其提供自然少不了政府的身影，但提供模式则需要依据外部性的具体体现而设定。

3. 市场失灵理论

根据西方经济学的理论，完全竞争市场在一定理想化假设条件下，可以导致整个经济达到一般均衡，取得资源配置的帕累托最优状态。但是，由于完全竞争市场以及其他一系列理想化的条件并非现实经济生活的真实写照，因而市场这只“看不见的手”就变成了“看不见的脚”，在垄断、外部影响、公共物品、不完全信息等诸多情况下，不能导致资源的最优配置(樊勇明，2005)。

外部性的存在，使私人的边际成本或边际收益与社会的边际成本或边际收益发生背离，从而导致市场失灵。公共物品的非排他性和非竞争性使得任何私人部门都不愿意或不能充分提供，由此导致提供公共物品时的市场失灵。经济生活中的信息不对称，导致逆向选择和道德风险问题，从而也会导致市场失灵。20 世纪 70 年代末 80 年代初以来，西方经济学的市场失灵理论有了重大发展，从研究本来意义的市场失灵发展为研究广义的市场失灵，即微观经济无效率，宏观经济不稳定，社会不公平。

对于市场失灵问题，世界各国都不同程度地通过政府干预这只“看得见的手”来予以解决。政府做这只“看得见的手”，尽管在一定条件下可以对市场失灵的进行有效调节，但很多情况下，政府干预也非万能，也有它的缺陷，也会出现失灵的情况。

2.1.2 政府失灵有关理论

1. *寻租理论*

寻租理论是 20 世纪后半期在西方得到广泛发展和应用的经济理论成果。戈登·图洛克(Gordon. Tulloek, 1967)第一次系统地讨论了寻租行为，Krueger(1974)第一次将这种行为称为“寻租”(Rent-Seeking)。经济学意义上的寻租是指维护既得的经济利益或是对既得利益进行再分配的非生产性活动。戈登·图洛克也认为寻租是“利用资源通过政治过程获得特权从而构成对他人利益的损害大于租金获得者收益的行为”。之后，西方许多经济学家对寻租理论进行了深刻的研究。1982 年，巴格瓦蒂提出了“直接非生产性寻利活动”，它不仅包括在政府干预条件下的寻租活动，而且还包括寻求政府干预的活动。寻租的理论内涵主要是：有着预期的经济租金是寻租行为发生的前提，而租金是通过获得或维持某个领域的垄断地位来得到的，根源在于政府或行业协会等有权机构的干预。寻租活动是一种非生产行为，没有产生任何产品与劳务，降低资源配置的效率。租金无处不在，政府对经济活动的管制导致各种形式的租金。只要有租金，就必然会有寻租行为(缪勒，1999)。寻租理论主要探讨租金的形成机制和相应的寻租行为特征与影响。大部分文献把政府视为创造和分配租金的主要工具，因此，减少和避免寻租行为(尤其是浪费性的寻租行为)的最主要的办法是进行制度改革，避免建立会创造出租金的规制和规制机构(缪勒，1999)。

寻租问题是公共选择理论重要的研究领域。布坎南(James Buchanan)等(1980)公共选择学者提出了两个观点：一是寻租基本上是通过政治活动进行的；二是限制寻租就要限制政府。这一理论对于政府失灵问题有巨大的贡献。

2. *政府失灵理论*

政府失灵理论是美国经济学家伯顿·韦斯布罗德(Burton A. Weisbrod, 1974)提出的，他认为，当代经济学长期以来建立的私人部门理论，较好地论证了私人市场的存在及其均衡行为模式，但现在的经济学无法解释为什么要由民间组织来提供公共的、集体消费的物品。他试图用一个新的理论模式解释，在政府与市场之间为什么会存在民间组织;哪些因素决定了物品由政府、私人市场还是民间组织提供;政府部门、私人市场和民间组织之间应该建立起什么样的关系。政府失灵理论就是基于这样的背景产生的。

布坎南的政府理论研究了市场经济下政府干预行为的局限性或政府失灵问题,这是公共选择理论的核心问题。所谓政府失灵,是指个人对公共物品的需求在现代化议制民主政治中得不到很好的满足,公共部门在提供公共物品时趋向于浪费和滥用资源,致使公共支出规模过大或者效率降低,政府的活动并不总像应该的那样或像以上理论所说的那样"有效"。

布坎南认为政府失灵主要表现为:

(1) 政府政策的低效率。布坎南认为,所谓政府政策的低效率是指所执行的政策不能确保资源的最佳配置。

(2) 政府工作机构的低效率。原因在于:①缺乏竞争压力;②没有降低成本的激励机制,政府行为趋向于资源浪费;③监督信息不完备;

(3) 政府的寻租活动。

政府本身的局限性,导致了政府失灵。因此,政府在某些公共管理中必须转变政府职能,进行体制改革,不能既当裁判员又当运动员。

2.1.3 公共治理理论

公共治理理论形成于 20 世纪 70 年代,20 世纪末,该理论被广泛地运用于政治发展和行政改革的研究与实践领域。它强调社会公共事务治理中各种民间组织机构的参与,强调国家与社会组织间的相互依赖及互动合作,打破了政府与社会二元对立的传统思维,对当前我国城市保障性住房提供模式的研究具有较强的启示意义。

治理理论的主要创始人之一詹姆斯 · N · 罗西瑙(J. N. Rosenau, 1995)[31]在其代表作中将治理定义为一系列活动领域里的管理机制,它们虽未得到正式授权,却能有效发挥作用。与统治不同,治理指的是一种由共同的目标支持的活动,这些管理活动的主体未必是政府,也无须依靠国家的强制力量来实现。

西方的政治学家和管理学家之所以提出治理概念,主张用治理替代统治,是他们在社会资源的配置中既看到了市场的失灵,又看到了政府的失灵。市场在限制垄断、提供公共品、约束个人的极端自私行为、克服生产的无政府状态、统计成本等方面存在着内在的局限,单纯的市场手段不可能实现社会资源的最佳配置。同样,仅仅依靠政府,也无法达到资源配置的最优化,最终不能促进和保障公民的政治利益和经济利益(俞可平,1999)。正是鉴于政府的失灵和市场的失灵,"愈来愈多的人热衷于以治理机制对付市场和/或国家协调的失败"(Jessop, 1999)[33]。

公共治理理论的主要内容包括：

第一，治理主体的多元化。在公共治理中，政府不再是治理公共事务的唯一主体。治理理论认为，在“看得见的手”和“看不见的手”之外，理应还有“第三只手”。格里·斯托克(Gerry Stoker, 1999)指出：“治理意味着一系列来自政府但又不限于政府的社会公共机构和行为者。”

第二，治理理论在关注治理主体多元化的同时，对政府的角色给予重新定位。治理理论认为，政府不能成为全能政府，政府必须进行改革，成为“有效政府”。同时，政府要在社会中保持“低姿态”，这并不是忽视和弱化政府职能，而是像奥斯本等(1996)在《改革政府》一书中所指出的：“政府要在公共管理中扮演催化剂和促进者的角色”，是“掌舵”，而不是“划桨”。政府集中力量“掌舵”。另一方面，治理理论还提出了“元治理”(Meta-governance)概念。元治理是西方学者为寻求解决治理理论失灵所用的词语。充当元治理的角色是政府，它承担着建立指导社会组织行为者行动的共同准则和确立有利于稳定主要行为主体的大方向和行为准则的重任。

第三，治理的网络管理体系。公共治理模式中，政府不是单一的主体，也不再是唯一的权力中心。社会组织、私人部门、国际组织等其他主体也参与到管理中，组成管理网络，形成多个权力中心，互相监督，互相制衡，共同治理公共事务。这个新的调节机制就是治理理论的网络管理体系(Jessop, 1999)。凯特(Kettl, 1991)指出：“治理是政府与社会力量通过面对面合作方式组成的网状管理系统。”萨拉蒙(Salamon, 1989)认为：“治理是政府与非政府组织之间建立复杂伙伴关系的安排。”Koolman(1993)也指出：“治理所要创造的结构和秩序不能由外部增加，它发挥作用，是要依靠多种进行统治的以及相互发生影响的行为者的互动。”

第四，政府权力的有限化。公共治理理论强调社会通过公民自主自治能够解决的问题，政府都不应该插手，即将全能型政府转变为有限政府。这样不但可以限制政府滥用权力，还可以有效保障其他主体能够参与到公共事务的管理中，极大的降低管理成本，提高管理效率。

第五，参与与合作是公共治理的精髓。主张主体多元化、权力多中心化的公共治理理论，它必须注重在公共治理过程吸纳治理的利益相关者、专家学者以及关心公共事务的组织和个人的广泛参与。

从以上治理理论的主要内容，我们可以看出，治理理论的兴起，表明管理社会与经济事务的方式和过程发生了变化。正如罗兹(Rhodes, 1996)指出，治理意味着“一种新的管理过程，意味着管理的条件已经不同于以前，或是以新的方式来管理社会。”这种新的管理方式与理论是对传统管理方式与理论的一大挑战。

2.2 公共物品的分类与有效提供模式研究综述

2.2.1 公共物品分类研究综述

尽管"公共物品"这一概念已经成为经济学理论中的基础性概念,但已有文献对这一概念的理解却一直存在着分歧,对如何划分或区分现实经济生活的物品的这种分歧又直接导致了对公共物品有效提供模式的不同观点。

1. *萨缪尔森的"两极法"*

萨缪尔森(1954)在《公共支出的纯理论》一文里首先将物品分为"私人消费品(Private Consumption Goods)"和"集体消费品"(Collective Consumption Goods)两类,萨缪尔森在这里并没有使用"公共物品"(Public Goods)一词。按照萨缪尔森的表述,"私人消费品"指的是"该物品的消费总量等于所有消费者的消费之和",也就是,任何一个消费者所可能消费的数量都与该物品的消费总量相等,公共物品对于不同的消费者来说是共同享有的,不可分的。一年之后,萨缪尔森又发表了《公共支出理论的图解》,对其理论用图形的形式进一步加以阐述。这次萨缪尔森使用了"公共消费品"(Public Consumption Good)一词,在这篇文章中,"私人消费品"被定义为"像面包那样,其总量可以在两个以上的人之间进行分配的物品,如果一个人多吃一片就会有其他人少吃一片";公共消费品指的是"露天马戏表演和国防之类的,可以提供给每个人,而由个人根据自己的偏好来选择是否消费的物品",公共消费品与私人消费品的区别在于其总量和个人消费量之间是相等而不是相加关系。对比 1954 年的文章,萨缪尔森所指出的关于公共物品的明确定义就是指具有消费的非竞争性的物品,这是物品本身所具有的一种技术特性。也就是说,任何一个消费者所可能消费的数量都与该物品的消费总量相等。

对萨缪尔森的"公共物品—私人物品二分法"学者们提出了批评,认为这两者只是两种极端情况,在这两者之间还存在着大量的中间状态,即"非纯公共物品"(Impure Public Goods)或者"混合物品"(Mixed Goods),萨缪尔森将所有物品只分为两类未免过于简单。对此萨缪尔森认为,自己关于公共物品的理论只是限于基础理论层次上的讨论,并未要求其具有现实可操作性。包括政府活动在内的很多经济活动的确是处于私人物品和公共物品之间的中间状态,但是对这些中间状态的"混合物品"的理论研究也应该从极端情况的讨论开始。

2. **布坎南的物品分类**

美国学者布坎南(1988)把公共物品定义为:“任何由集体或社会团体决定,为了任何原因,通过集体组织提供的物品或劳务。”布坎南根据物品不可分的程度和不可分的范围对物品进行了归类,那么如何来理解可分和不可分性,布坎南在其所著的《公共物品的供给与需求》里作了解释,简单地说,也就是如果一个物品的总量等于各个私人消费量之和,那它就是“纯私人物品”;如果一物品的总量等于每个消费者个人消费的量,那它就是“纯公共物品”。按照可分和不可分的相对重要性,所有的物品和服务均可在这两极之间排列。这样,根据物品不可分的程度和不可分的范围这两个独立特性可对物品归类,如图 2.1 所示。

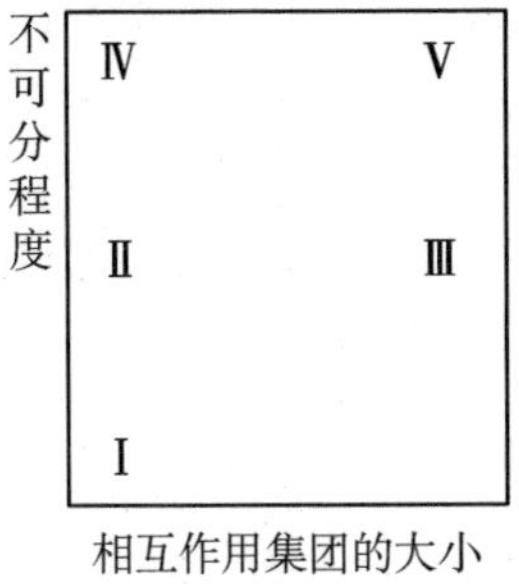

图 2.1　布坎南的物品分类

横坐标表示相互作用的集团大小,纵坐标表示不可分的程度,这样,他把物品分为五类:

Ⅰ类:纯私人物品,这时不可分程度为零,集团大小也为零,显然这是一种理想状况。

Ⅴ类:纯公共物品,这时不可分程度非常大,集团大小也很大,这也是一种理想状况。

Ⅱ类:部分可分,但在有限的人群中又具有公共性。对某个集团来说,若量是一定的话,一个人的消费会减少其他人的消费。这种非私有性是针对集团大小而言,一旦集团大小超过了极限,这种公共性消失。典型的例子是灭火器,把灭火器给邻居不会减少灭火器保护自身免受火灾的概率到零,邻居拥有灭火器也可减少火灾对自身的威胁,然而一旦灭火器被拿到离我几里之外的地方,灭火器带给我的效用就不复存在了,这时,这种交易类似于私人物品的交易。

Ⅲ类:包括部分可分的物品和服务,但这里的公共性相对的是很多人。这种类别指的是很强的外部性或庇古外部性,这类物品既具有公共性又具有私人性,但这种公共性或不可分性是针对人数众多的集团而言。一个例子就是预防传染病的接种,注射疫苗以预防疾病给自身带来了私人利益,但也给集团中其他潜在群带来了某种利益,毕竟他们少了感染机会。

Ⅳ类:包括那些具有完全不可分性的物品和服务,但这里的不可分性仅针对有限大小的集团而言。就是指只要集团的人数很少,个人的消费数量就不会增减,但是超出一定范围,这种纯公共性就不再存在,而在独立的集团之间,这种公共性根本就不存在。典型例子就是类似俱乐部的制度安排(Club-like Arrangements),这种安排包含一些物品和服务的消费章程。例如游泳池,游泳池的全体会员都可享用同一泳池,但非会员不能享用。

3. 奥斯特罗姆的物品分类

美国学者奥斯特罗姆(2000)认为,消费的排他性和共用性是独立的属性,它们都可以分为两类。共用性可以分为高度可分的分别使用和不可分的共同使用。排他性可以分为可排他的和不可排他的。当没有实际上的技术来对一种物品进行打包或者控制潜在使用者进入时,排他在技术上是不可行的。当排他的成本太高,排他在经济上是不可行的。按照排他性和使用上的可分程度两个纬度,可以用一个简单的矩阵来安排这些定义性特质的分类,在逻辑上可将所有物品分为四类,如表 2.1 所示。

表 2.1　奥斯特罗姆的物品分类使用或者消费的共同性

	排他性	分别使用	共同使用
排他性	可行	私益物品: 面包、鞋、汽车、 理发、书	收费物品: 剧院、夜总会、电话服务、 收费公路、有线电视、 电力、图书馆
	不可行	公共池塘资源: 地下水、海鱼、地下石油	公益物品: 社群的和平与安全、国防、灭蚊、空气污染控制、 消防、街道、天气预报、公共电视

资料来源:文森特·奥斯特罗姆,埃莉诺·奥斯特罗姆:《公益物品与公共选择》,载迈克尔·麦金尼斯主编《多中心体制与地方公共经济》,上海:三联书店,2000

进而,奥斯特罗姆区分了公益物品与私益物品的性质,如表 2.2 所示。

表 2.2　公益物品和私益物品的差异

私益物品	公益物品
相对易于衡量量和质	相对难以衡量量和质
只能由一个人消费	同时由许多人共同消费
易于排除未付费的人	难以排除未付费的人
个人一般可选择消费或者不消费	个人一般不能选择消费或者不消费
个人一般可选择物品的种类和质量	个人对于物品的种类和质量几乎没有选择或者完全没有选择
对于物品的付费与需求和消费密切相关	对于物品的付费与消费或者需求没有密切关系
配置决策主要依靠市场机制作出	配置决策主要通过政治程序作出

资料来源:文森特·奥斯特罗姆,埃莉诺·奥斯特罗姆:《公益物品与公共选择》,载迈克尔·麦金尼斯主编《多中心体制与地方公共经济》,上海:上海三联书店,2000

4. 萨瓦斯的个人物品及集体物品

美国经济学家萨瓦斯(E. S. Savas, 2002)习惯于将私人物品和公共物品称为个人物品和集体物品，如图 2.2 所示，他依据物品的排他性和消费的共同性将物品分为四类：个人物品、可收费物品、共用资源和集体物品。

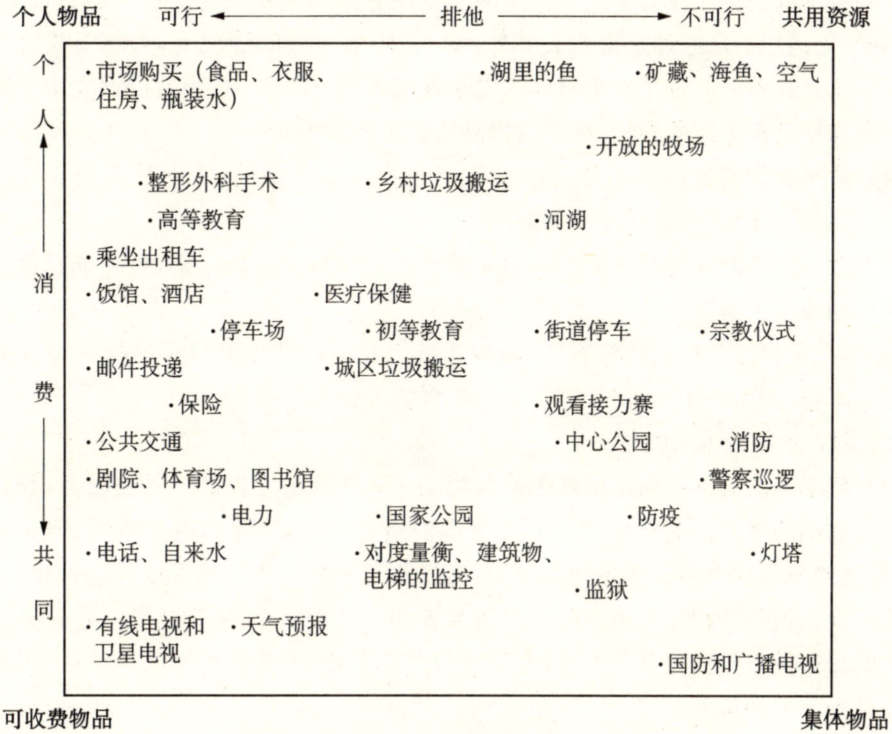

图 2.2　萨瓦斯关于物品的分类及示例

资料来源：E. S. 萨瓦斯：《民营化与公私部门的伙伴关系》，北京：中国人民大学出版社，2002

综合上述观点，尽管学者对公共物品的认识及分类不尽相同，但仍有共同之处。在所有物品或服务中，除了纯私人物品外，其他所有物品都可看成是公共物品或具有公共物品性质的物品或服务。可以分为两类（席恒，2006）：

（1）纯公共物品

纯粹的公共物品在消费上是非竞争的，同时在技术上是非排他的，或者排他是不经济的。消费中的非竞争（Non-Rival）和技术上的非排他（Non-Exclusion）是公共物品最基本的特性。非竞争性是指消费者对公共物品的任何消费均不会影响其他消费者的消费，即公共物品的边际生产成本为零和边际拥挤成本为零，“每个人对该产品的消费不会造成其他人消费的减少”，非排他性是指，在某一物品消费过程中，物品的提供者无法有意将某些消费者（例如不支付费用的消费者）排除在外；或者是指，将不付费者排除在外的做法虽然在技术上可行，但在经济明显地得不偿失。“公共物品一旦被生产出来，生产者就无法决定谁来得到它。”为生产者在技术上无法排斥那些不付费而享用该物品的人，或者排斥的成本高使排斥成为不经济。这两个特性导致公共物品的消费的不可分割，产权难以明确，无运用市场原理来提供公共物品。在市场失效的情况下，只能由政府来提供公共品。这意味着公共物品的供给成本无法通过收费来补偿，只能通过收税来解决。据阿特金森和斯蒂格里茨的归纳，纯公共物品有以下明显的特征：

第一，“对某种特定商品的使用进行收费也许是不可能的，或者是耗费极大。换言之，将无贡献者排除在外也许是不可能的”。

第二，“一个人的使用并不会使其他人消费的数量减少。换言之，将一个固量供应给另一个人的成本为零”。

第三，公共供应与分配目标有关，表现为社会福利函数中的分配目标或特殊平均主义原则。国防、国家安全、法律秩序等属于典型的纯公共物品。

(2) 混合物品或准公共物品

混合物品或准公共物品是指处于公共物品和私人物品中间的产品或服务，兼私人物品和公共物品的性质。这类物品可以由个别消费者占有，因此具有竞争性，但又具有外部性，即这类物品的消费会产生外部效应，而其他消费者无法拒绝或排除这种效应，因此具有公共性。例如，教育、卫生等除了受教育者和患者受益外，整个社会的教育水准和健康水平的提高具有相当的正外部性：而过度放开公共牧场、围垦造成的沙漠化，江河湖海的污染就是典型的负外部性。

准公共物品的范围十分广泛，它介于私人物品和纯公共物品之间。相对于纯公共物品而言，它的某些性质发生了变化。一类准公共物品是，其使用和消费局限在一定的地域中，其受益的范围是有限的，即进入才可以消费，而退出就不能消费了，比如地方公共物品(并不一定具有排他性)；另一类准公共物品是，物品是公共的或是可以共用的，一个人的使用不能够排斥其他人的使用，然而，由于私益，它在消费上却可能存在着竞争。由于公共的性质，物品使用中可能存“拥挤效应”和“过度使用”的问题，这类物品如埃莉诺·奥斯特罗姆列举的渔场、地下水流域与水体资源、牧区、森林、灌溉渠道等[43]。第三类准公共物品是，由于“拥挤点”的存在，一些共享的物品必须进行排他性的安排，以避免由消费者数量增加而减低消费的质量。这类物品具有明显的排他性，往往必须通过付费，才能购买到物品的消费权，并排斥那些没有付费人的进入，它包括俱乐部物品、有线电视频道和高速公路等。

准公共物品进一步又可以分成以下几类：

1) 无排他性或弱排他性，但有一定的竞争性的物品—“公有资源”(Public

Resource)。有些物品具有竞争性，却没有排他性，如公共牧场、地下水、江河湖海等，一般称为“公共池塘物品(Common-pool)”。公共池塘的水谁都能用，但如为了个人灌溉，所抽用的水就成了私人物品。因此，“公共池塘物品”也称“公有资源”。这类物品的私人消费容易产生负外部性，因此一般采用适当收费的方式加以限制，例如“资源使用费、税”、对产生的负外部性征收罚款等手段。

2）有排他性，但非竞争性的物品——排他性公共物品(Excludable Public Goods)。有些物品在消费上不具有竞争性(非竞争性)，但又具有排他性的特点，或排除追加的消费者的交易费用很低。如加密的电视节目，一方面它具有非竞争性，一个人的消费并不减少另一个人的消费；另一方面它又具有排他性，只有为加密电视付费的人才能收看到这种电视节目。这类公共物品通常被称为排他性公共物品。如城市公用设施，即水、电、气等具有边际成本下降的趋势，如果仅由市场提供，产品供给往往达不到效率水平。这种混合物品若完全当作为公共物品免费供应的话，会大大增加拥挤成本。因此具有自然垄断性，为了使资源配置达到最优，一般应当由政府规制的事业部门提供。为了补偿这类物品的成本，应当收取使用费。对于排他性公共物品来说，通常存在能够向使用这种物品的个人进行收费的排他性技术。

3）可能发生拥挤的公共物品一拥挤的公共物品(Congestible Public Goods)。有些物品只符合非排他性的条件，但不符合竞争性的条件，因为它达到一使用水平后会具有竞争性。它所达到的某一使用水平点可称为拥挤点(Point Congestion)。在出现拥挤效应之前，每增加一个消费者消费的边际成本为零。在拥挤点之后，容纳或供应一个追加的消费者的边际成本将大于零。这类公共物品可称为拥挤的公共物品，如拥挤的街道、公路、游泳池、桥梁、高尔夫球场。这些物品或服务在消费上是共享性质的，这种物品或服务可以低成本地实现排他性，因此可以叫做局部公共物品，布坎南称之为“俱乐部物品(Club Goods)”。

西方经济学家对物品分类的视角差异决定了他们所认为的公共物品最优提供模式的差异，尽管如此，公共物品的本质特征决定了其提供必定有政府的身影，因为竞争性的市场不可能达到公共物品提供的帕累托最优。研究公共物品的提供模式，首先就要对公共物品中的性质进行准确的判定，在此基础上结合外部实际，才能有针对性地选择合适的制度安排，找到有效提供模式。

2.2.2 保障性住房提供模式研究综述

以公共经济学中物品分类理论考察保障性住房，保障性住房具有非排他性(居民一旦进入政府设定的保障范围便不可能将其排除在外，或者排除的成本极高)及消费上的竞争性，不难得出保障性住房属于准公共物品的结论。作为公共物品，保障性住房的提供是一个动态的过程，可分为供应(Provision)和生产(Production)两个环节，马斯格雷夫在《财政制度》中提出，公共物品的政府供应并不意味由政府来生产。所谓"供应"，就是政府通过预算进行公共资金的投入："社会需要的满足必须由预算来提供，但这并不意味着这种产品(生产)必须由政府来进行"。奥斯特罗姆进一步指出，"供应"指的是通过集体选择机制对以下问题做出决策：①由指定的一组人提供各类物品和服务：被供应物品和服务的数量和质量；②与这些物品和服务有关的私人活动被管制的程度：如何安排这些物品和服务的生产；③如何对这些物品和服务的供应进行融资；④如何对生产这些物品和服务的人进行管理。因此，供应的组织过程基本与消费、融资、安排物品和服务的生产与监督有关。"生产"则指的是将投入变成产出的更加技术化的过程(包括设计、建造、维护或经营等环节)，据此，公共物品(服务)得以成为存在物。因此，公共产品的提供可以依据"供应"和"生产"的环节分别由不同的主体来进行。国内外学者对公共物品提供模式的研究文献可谓海量，针对保障性住房的准公共物品属性，本书主要对与之相关三种典型准公共物品提供模式的研究进行综述，其余大量研究或是三种典型模式本身，或是三种典型模式的变形，本书不再一一列举。

1. 奥斯特罗姆的自治供给模式

奥斯特罗姆从实证的角度分析了运用非国家(集权)和非市场(私有化)的解决方案解决公共事务的可能性。认为人类社会中大量的公有池塘资源(The Common Pool Resources)问题在事实上并不是依赖国家也不是通过市场来解决的，人类社会中的自我组织和自治，实际上是更为有效的管理公共事务的制度安排。奥斯特罗姆的分析结果表明，在一定的条件下，面临公共事物两难处境的人们，可以依靠自己的智慧，确定他们自己的体制来改变他们所处的情境结构，从而避免悲剧的发生。同时她还认为，有多种可供选择的方法可以解决社会两难处境。"人们不仅面临关于在给定处境中如何行动的抉择，而且他们也有能力思考、阐述和挑选不同的构成抉择处境的方法。在不同的情况下和不同的级次上都可进行抉择。当人们不仅学习如何使用公共事物，而且学习如何管理公共事物时，他们就是正在为发展和维护自治的民主社会奠定基础。"

奥斯特罗姆的自治组织理论实际上建立在社会选择理论(Social Choice Theory)之上。社会选择理论研究一个社会的价值规范问题，其核心在于个人和社会之间的关系，正如 1998 年诺贝尔经济学奖得主阿玛蒂尔·森所说："它处理如何把个人利益、判断和福利的集合转化为社会福利，社会判断和社会选择的加总形式。"即如何把个体的选择有效地整合成社会整体的选择。

奥斯特罗姆通过对"自筹资金的合约实施博弈"的分析，研究了自治组织中通过谈判达到合作博弈(Cooperative Game)的可能。博弈论认为，如果博弈双方之间的协议、承诺可以强制执行，具有完全约束力，合作博弈就具有可能性。博弈双方通过联盟，所得到的收益比他们单独进行博弈时要大。奥斯特罗姆认为："牧人自己能够达成一个有约束力的合约，承诺实行由他们自己制定的合作策略。"这种合作策略实施的前提，是由于他们具有共同的公共利益。在《公共事物的治理之道》中，奥斯特罗姆认为，现实中的人都是一个具有自我适应性的"策略理性人"。人们在进行策略选择时往往要考虑四个影响变量：即预期收益、预期成本、内在规范和贴现率。个人的策略选择会共同在外部产生结果，并影响到未来的行动收益和对成本的预期；个人所具有的内在规范会受到处于特定环境中的其他人共有规范的影响；内部贴现率会受到个人在外部任何特定环境中所拥有机会的影响。任何面临集体行动的一群人都需要解决三个问题：制度供给问题、可信承诺问题和相互监督问题。

制度供给问题即由谁来设计自治组织制度，或者说什么人具有建立组织的足够动力。信息不完全条件下的重复博弈理论表明，在一个有限重复博弈（如囚徒困境博弈）中，局内人确切收益的不确定性能够产生合作均衡和其他多种均衡。在这种情况下，一个局内人会向另一个局内人"暗送秋波"来传递合作的意图，以产生对他们双方都有利的对局。

可信承诺问题是信息不完全条件下的重复博弈的重要问题，也是自治组织能否形成的关键问题之一。如果组织成员违犯内部规范获得的收益远远大于其得到的惩罚，那么成员之间的可信度就会降低，为了维护组织的存在，这时就需要通过外部强制来解决可信承诺问题。

相互监督问题是一切集体行动都会面临的，问题是如何设计一套完整而有效的监督机制以保障成员之间的可信承诺。这种"强有力"的制度设计，是建立在自治组织的成员"自愿性"的对未来预期目标的重复博弈基础上的。这种"自愿性"的"强有力"约束，是通过成员之间的可信承诺和相互信任与相互监督实现的。

奥斯特罗姆的研究，以西班牙、日本、菲律宾和瑞士等地农村的水资源利用为对象。灌溉水资源是通过引渭渠水进行的。由于水资源的有限性和农作物生长的周期性，灌溉往往必须在有限的时间内完成，那么，哪一户的哪一块田地先灌溉就是村民最为关心的事。但由于村民的责任田分散在该村不同土地的不同区域，对于一村的灌溉事务而言，村里的哪一片地先灌溉一般由村民委员会组织下的村民议事会决定，其中哪一户的田地先灌溉则由村民协商确定。一般的原则是由远及近、逐次轮流。直到每一户的可以灌溉到的每一块责任田都得到灌溉。在这一过程中，村民之间所运用的就是一种可信承诺的重复合作博弈。如果某一村民或者村长之类的有权者破坏了这一制度，全体村民则会在下一次的灌溉中将其"驱逐出局"，使其责任田的灌溉安排在最后甚至无法安排，以至丧失灌溉机会。在这种"驱逐出局"的压力下，每户在灌溉事务的重复博弈中建立了彼此合作的策略,并建立了相互信任、相互监督的合作机制。

奥斯特洛姆提出的自治供给模式对一些公共池塘物品适用,比如她所例证的农村水资源的利用,但其前提条件是这些公共池塘物品的提供具有无限重复博弈特征。事实上,公共池塘物品是一个宽泛的概念,同为公共池塘物品,由于自身具有的其他特征的不同,不同公共物品的有效提供模式也是不同的。

2. *萨瓦斯的民营化模式*

萨瓦斯民营化模式的核心就是公私合作(PPP)机制,萨瓦斯按照他对物品的分类和提供机制的理论分析,在对物品进行分类和特征描述的基础上,着力讨论集体行动在四类物品(个人物品、共用资源、可收费物品和集体物品)的提供中扮演的角色。设定了十种不同的制度安排可用于提供物品和服务,分别是:政府服务、政府间协议、政府出售、合同承包、补助、凭单、特许经营、自由市场、志愿服务和自我服务。政府、私营部门和消费者在这些安排中扮演着不同的角色。

在用十一个重要标准(服务的具体性、生产者的可得性、效率和效益、服务规模、成本收益关联度、对欺骗行为的免疫力、经济公平、种族公平、对政府指导的回应性、对消费者的回应性、政府规模)对这些安排方式进行评价的基础上,萨瓦斯强调不同安排方式之间的理性权衡和选择。以前的问题在于安排方式选择基于灵感而非理性。比如,提供具有集体物品内在特性的物品和服务是政府自身存在的主要理由,但是在美国,这已不再是联邦政府的主要活动了:越来越多的个人物品和可收费物品被确定为“福利”并被用做集体物品或公共资源,政府增长主要表现在个人物品和可收费物品方面的开支的大幅度增长。这显然是一种角色的错位。就集体物品而言,集体行动在保证付费进而确保其有效生产方面是必需的,但“集体行动并不意味着政府行动”。因此,服务提供或安排与服务生产之间的区分十分重要,这是公私合作管理模式概念的核心,是公共部门角色界定的基础。“当安排者和生产者二者合一时,官僚成本就产生了,即维护和管理层级系统的成本。当安排者和生产者不同时,又产生了交易成本,即聘用和管理独立生产者的成本。两种成本的相对值决定了安排和生产功能分开是否值得。”

传统公共部门管理中的一个误区是忽视服务提供和服务生产之间的区别,进而错误地认为如果政府放弃了服务生产者的功能,它自然就放弃了服务提供者的角色。对于那些属于政府“天职”的公共服务,政府应该是一个安排者,决定什么应该通过集体去做,为谁而做,做到什么程度或者水平,怎样付费等问题。至于服务的生产和提供,完全可以通过合同承包、补助、凭单、特许经营等形式由私营部门或社会机构来完成。这就是萨瓦斯认为的民营化模式。

萨瓦斯的民营化在理论上强调了把安排者与提供者进行分开的重要性,并应用大量的实例验证了这种提供方式的有效性，但仍存在一些不足：一是对“竞争”的过分强调。萨瓦斯在《民营化与公私合作的伙伴关系》一书中过分地强调了竞争的作用，他说：“问题的实质不在于公营还是私营，而在于垄断还是竞争”。把竞争看成了提高效率的唯一手段。事实上，竞争固然可以提高效率，但一项公共物品或公共服务提供机制的好坏，效率并不是唯一的评价指标，甚至在某些公共物品的提供中不应该成为主要的评价指标，有些公共物品的提供偏重“公平”，有些偏重“效果”，不能仅以效率为评价指标。相应的，在公共物品的提供中引入“竞争”并不代表全部。二是对“监督”及“激励”的分析不足。当前在公共物品的提供机制中，出现了一种“民营化”过头的现象，认为由于存在“政府失灵”，那么应当将政府做不好的统统交给市场，这么做的结果是：“不但将提供方式市场化，而且将政府责任也市场化”（周至忍，2004）。政府把自己应该做的一揽子交给市场完事，应该政府承担的责任也一并市场化，这是一种机制上的明显缺陷。事实上，在公共物品的提供机制中，政府应该承担起对“提供者”的“监督”及“激励”的责任，但萨瓦斯对其并没有进行深入的分析。

3. 世界银行的长线治理模式

世界银行 2004 年发展报告《让服务惠及穷人》介绍了一种公共物品提供模式—“长线治理模式”。所谓的“长线”是相对于市场模式的“短线”而言。在市场模式中，消费者直接通过市场来满足自己的需求，但准公共物品的属性决定了市场在提供这种物品时，存在着“市场失灵”，在满足消费者的这部分需求时，政府需要承担“安排者”的角色，准公共物品的正（负）外部性决定了当这部分需求得到满足（或负外部性消除）时，所有人或多或少从中获得了利益，而所有获得利益者所付出的代价，便是税收，由此可以看出，在满足这部分需求时，需要增加政府这一环节（图 2.3）。

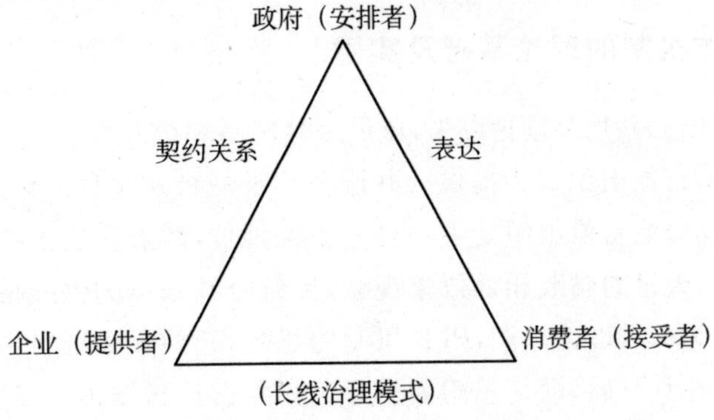

图 2.3　世界银行长线治理模式

资料来源：世界银行 2004 年发展报告——让服务惠及穷人[M]，北京：中国财政经济出版社，2004

在“长线治理模式”中，由于增加了政府这一环节，从而衍生出三种关系：①政府（安排者）与消费者（接受者）之间的关系。在西方国家，这种“政治责任”表现为：选民的选票决定着政党的命运。②政府（安排者）与企业（提供者）之间的关系。双方由“契约关系”联系在一起。政府向服务提供者提供资源，授予其权力和实现目标的责任，并对目标的实现进行全过程监督，由此构成了“契约关系”。③企业（提供者）与消费者（接受者）之间的关系。两者由“客户权力”联系在一起。

世行在《让服务惠及穷人》这篇研究报告中着重分析了这三种关系，并对政府、企业、公众三者的责任进行明确，以实证的方式论述了“长线治理模式”在基础教育服务、医疗卫生和营养服务、饮用水、环境卫生与电力等具体行业的应用。

世行的长线治理模式把“政府”、“企业”、“服务对象”作为平等的参与者进行分析，推动了公私合作机制的进一步发展，事实上这种提供模式可以看作是一种三方合作模式，在这种模式中，三方的地位是平等的，三方的责任是对等的，三方的关系是相互制约而又相互协作的。但世界银行并未对这种模式的目标进行清晰、系统的描述，只是以例证的方式验证这种提供模式在“效率”、“效果”的某一方面有效性。另外，世行对实现目标的手段缺乏系统的论述，而只是构建了一个大概的分析框架。

2.3 公私合作(PPP)机制研究综述

2.3.1 公私合作机制的理论基础及实质

自萨缪尔森提出公共物品理论以来，提供公共产品和公共服务一直被理论界认定为是政府天然的职责，官僚组织成为提供公共服务的唯一合法主体。但是，在这种公共服务的供给模式下，政府的官僚组织处于一种垄断的地位，政府在提供物品方面天然的劣势开始显现，衍生出大量的腐败和低效率现象，传统公共服务的供给模式日益受到理论研究者的质疑。作为一种理论思潮，PPP 机制的思想，起始于美国自由主义经济学家弥尔顿 · 弗里德曼。在其之后，以其思想为指导的公共选择学派进一步发展了这一思想，成为西方国家市场化改革的主导思想。公共选择学派将理性“经济人”假设，引入到政府行为的研究之中，将公共选择界定为对非市场决策的经济学研究，认为必须改变政府纠正市场失灵成本为零的前提假设；同市场失灵相同，政府也存在着失败，并不必然能够解决市场失灵问题，以此挑战萨缪尔森的传统公共服务理论，成为 PPP 机制的理论先导。尼斯坎南（Niskanen）的官僚最大化模型和阿罗（Arrow K）不可能定理，为其提供了最为直接的理论支持。

因此，所谓公共物品（服务）提供的 PPP 机制，实质上是在公共物品的提供过程中，引入竞争机制，打破传统官僚组织提供公共物品的垄断地位，允许非营利组织和私人组织参与公共物品的供给，降低提供公共服务的成本，提高公共物品提供的效率。

PPP 机制最为显著的特点是：综合公方和私方在物品提供方面的优势，互相弥补各自的劣势，充分发挥优势互补效应，从而提高公共物品提供的效率。

2.3.2 PPP 机制的发展及研究现状

PPP 机制源自 20 世纪 80 年代初英国兴起的一种新型的政府与私人合作建设基础设施与城市公共服务的形式。为了促进国民经济的持续、健康发展，各国政府都在努力寻求发展本国的公共服务。PPP 机制为实现这个目标提供了长期的全面解决方案。发展经济学家迈耶（Meier，2003）曾指出：“向非纯粹公共物品或由公共部门提供的私人产品收费，将能提高效率，促进均衡。”无论在发达国家或是在发展中国家，PPP 机制的应用越来越广泛。

虽然现代意义上的 PPP 机制诞生至今只有十几年的历史，但国外一些学者很早就对公共部门和私人部门相互合作的机制进行了探讨。罗·斯科特和阿·伯杰（Row. scott，A. Berger）[55]运用实证分析的方法，研究了美国七座代表城市中政府吸引私人部门的参与以更好地提供公共物品和服务的做法，指出应该根据城市的自然条件、经济结构和政治体制特点，因地制宜地选择合适的公私合作机制。罗·斯科特和阿·伯杰这里已经明确提出了对于提供公共物品和服务，公私合作机制相比政府提供、市场提供机制是更好的机制，并在明确公私合作是最优机制后，提出了这个机制也要根据自己城市特点来运作的理论。

20 世纪 90 年代，英国率先提出来公私伙伴关系概念，并且政府积极改革了它向公众提供公共服务的模式。英国政府自 1992 年起大力推动 PFI（Private Finance Initiative），即私人主动融资制度，1997 年将其纳入了一个新的概念，即公私合作，同时将 PPP 解释为包括三个方面的内容：完全或部分的私有化；由私人主动融资并承担风险的发包项目（PFI）；与私营企业共同提供公共服务。萨瓦斯在他的《民营化与公私部门的伙伴关系》[44]一书中对公私合作机制进行了比较详细、系统的探讨。为了改善纽约市政府的绩效，他建议采用与私人公司签约的务实政策，以打破政府的垄断，从而改善市政府的绩效状况。

近几年来,国外对 PPP 机制的研究侧重以提高公共服务绩效为目的的决策权(控制权)分配研究,主要涉及政府和企业两方主体利益分配及其影响因素等问题,如 Hart, Shleife, Vishny[56]提出 HSV 模型讨论了公共服务是由公共部门所有或是私人部门承包才能带来更多效益问题。随后 Besley, Ghatak[57]研究了 PPP 生产纯公共服务时的控制权分配问题,以及 M. Francesconi, A. Muthoo[58]对生产准公共产品时的公私部门间控制权分配问题,即如何激励公共部门和私人部门的努力水平来提高总效益。

国内对公私合作机制的研究要比发达国家晚一些,大约从 21 世纪开始,而且一般是建立在国外研究的基础上,还不十分成熟,只是对我国实施公私合作机制的内涵、必要性和可行性做了分析。总的来说,国内学者们更多的是关注一般的公共服务公私合作机制理论问题,对具体领域的关注还不够。

(1) 关于 PPP 机制的理论研究。

张成福在《论公共部门和私营部门的伙伴关系》[59]一文中认为,公私伙伴关系是一种生产和提供服务的制度安排,即公共部门和私人实体通过共同行使权利,共同承担责任,联合投入资源,共同承担风险,共同分享利益的方式,生产和提供公共产品服务。建立公私伙伴关系的一个潜在逻辑,无论是公共部门还是私人部门,在公共服务和生产的过程中,具有独特优势,成功的制度安排在于保持各自优势,实现优势互补。依据公私伙伴关系这种制度安排,私人承包商为公共服务的长期提供者,而政府部门更多地成为规制者,进行绩效监督和契约管理。曹远征在《公共民营合作制及其在中国》[60]一文中,主要探讨了公私合作机制的概念、建立公私合作机制所要考虑的相关问题、公私合作机制的形式、公私合作机制的操作流程以及公私合作机制在我国的实践。他认为公私合作机制的基本形式应包括:运营维护协议、管理协议、租赁购买、特许经营、非公共机构拥有等。

李秀辉、张世英在《PPP:一种新型的项目融资方式》[61]一文中,对 PPP 机制产生的背景进行了充分的论证,但是主要从以前的融资模式如“BOT”的缺点来分析 PPP 机制产生的背景,他们在《PPP 与城市公共基础设施建设》[62]一文中讨论了 PPP 机制的典型模型、PPP 机制的优势和 PPP 机制在我国应用的注意事项。王周喜、张勇在《PPP 融资模式在西部基础设施建设中的可行性分析》[63]一文中也探讨了 PPP 机制产生的背景:“从公共财政的一般意义上讲,作为准公共产品的基础设施具有社会和经济双重效益,政府要根据社会发展的需要和公众的承受能力对基础设施所提供的产品或服务的价格进行控制,这就造成了相当多的基础设施项目自身经营的直接收益难以满足项目融资的要求,项目 PPP 融资模式也可称为‘公私合作’融资机制,就是在这种背景和需求下产生的。”说明这个阶段对 PPP 机制产生背景的认识基本成熟。

周云圣在《公私合作模式(PPP)及其在我国的应用》[64]一文中,对公私合作模式及其在我国的应用进行了经验性的研究,论述了在我国发展、运用公私合作模式的可行性,提出了在我国成功应用公私合作模式的相关措施。任志涛、李冠军、张世英等在《公私伙伴关系的运行方式研究》[65]一文中,认为公私合作机制是政府部门与民营部门之间的契约关系。文章分析了公私合作机制的经济理论及运行方式,论述了我国实行公私合作机制的必要性。李永强、苏振民在《PPP项目的风险分担分析》[66]一文中,对公私合作机制进行研究,以PPP组织模式为大的框架,以博弈论为方法,对项目的控制权、监管体系、激励机制进行了深入的研究。希望对目前存在的组织模式进行完善,使其应对外界日益复杂的环境时更有弹性,最大程度的平衡各方之间的利益关系,以求资源的最优化整合效果。并且结合我国的实际情况,提出我国实施PPP所面临的问题和对策。王灏在《加快PPP模式的研究与应用推动轨道交通市场化进程》[67]和《城市轨道交通项目PPP模式的结构分析》[68]二文对PPP模式在城市轨道交通方面的理论和应用作了全面的研究,就城市轨道项目应用PPP模式提出了一些应该注意的问题。

(2) 关于PPP机制的实践研究。余晖、秦虹的《公私合作制的中国试验》[69]一书表明在众多国家的实践中,公私合作制已被证明是行之有效的公用事业制度安排形式,在我国,公共服务中公私合作制的探索也日渐展开。他们主要研究了公用事业的建设与发展,公私合作制作为当前世界实现经济目标和提升公共服务水平的核心理念,其理论起源、在中国各个行业的相应实践及目前存在的问题。并把公私合作理论和中国实践结合起来,在几个领域内做了探讨,并最终提出把公私合作机制和我国实际结合起来所面临的问题。最后,作者在总结经验与教训的基础上,提出了可供参考的政策建议。刘志在《PPP模式在公共服务领域中的应用和分析》[70]等文中,针对体育场馆等项目,运用PPP模式对融资结构进行了分析,指出一些存在的问题并提供了相关建议。张汉卓、聂敏在《运用公私合作模式进行城市轨道交通建设融资》[71]一文中,对公私合作机制融资模式的背景、概念及特点进行了简要介绍,并对其在城市轨道交通建设中的应用进行了比较,提出要充分利用公私合作融资模式推进城市公共交通建设。孙洁在《城市基础设施的公私合作管理模式研究》[72]一文中,着重对公私合作融资模式进行了研究,从融资的困境到最后模式的创新进行了探讨。

(3) 关于PPP机制控制权分配的研究。张喆、贾明和万迪昉构建了数学模型分析了中国背景下PPP合作中的政府和企业的控制权分配问题[73],认为在不同参数情况下给予政府和企业不同的控制权和利益分配是提高PPP合作效率的关键。此外,赵立力、谭德庆[74][75]和左廷亮等[76]在公共产品的建设—运营—移交模式(BOT)中,运用博弈论方法构建数学模型,研究讨论各参与主体的行为对各参与方利益的影响,研究显示各参与方的努力水平越高，以及激励水平越高，会带来更高的社会总效益。

(4) PPP 机制在保障性住房提供中的应用。如前所述，学者对 PPP 机制的应用研究大多在公用事业（如水、电、煤等）等自然垄断物品以及道路、桥梁等基础设施上，对 PPP 机制在保障性住房提供中的应用研究少之又少。田一淋（2008）[77]提出了公共住房提供的 PIPP 模式，PIPP 模式是在 PPP 模式基础上的变异，其中的 I 为非营利组织；于晓华（2009）[78]研究了 PPP 融资模式在社会保障性住房建设中的应用；王乾坤、王淑嫱（2007）[79]针对现阶段我国廉租住房建设资金短缺的问题，提出了将 PPP 机制引入廉租房建设中的构想，并设计了 PPP 机制在廉租房项目中的运作思路；邓大伟、诸大建（2009）[80]指出，当前我国保障性住房提供应以强制配建为主、集中供应为辅，提出保障性住房提供的强制性指标配建模式，并对现阶段实施该模式的必要性及可行性进行了分析，对该模式的实际运作进行了初步阐述。

2.4 公众参与研究综述

2.4.1 公众参与的发展

公众参与的概念始自 1960 年代中期开始的西方社会中城市规划发展，同时成为此后城市规划进一步发展的动力（孙施文，2004）。公众参与的兴起是在特定的社会思潮和实践中产生的结果，受自由主义思想的复兴和民权运动的影响，公众的自我意识开始觉醒，对社会提出了自我权利的要求。这种民意在政府和制度方面得到了体现。随着理论和实践的推进，城市规划中的公众参与，被认为是市民的一项基本权利，在城市规划的过程中，必须让广大市民尤其是受到规划内容影响的市民参加规划的编制和讨论，规划部门必须听取各种意见并且要将这些意见尽可能地反映在规划决策之中，成为规划行动的组成部分。而真正全面和完整的公众参与则要求公众能真正参与到规划的决策过程之中（Arnstein，1969）。

公众参与的思想基础源自多元主义思想（孙施文，2004）。Rawls（1996）[83]认为，现代社会的多元化，特别是社会文化、价值、信仰和思想观念等方面的多元化，不仅是现代西方民主社会的基本条件，而且是现代民主社会的一个永久性特征，而非某种偶然的历史性状态。这就给现代社会提出了一系列根本性的问题:在现代自由民主的社会里,人们有权利和理由选择和信奉自己认为是合理的学说或观念(宗教的、哲学的、道德价值的),并以此制定自己的生活谋划。但是首先,个人之间对不同学说或观念的承诺必定会使他们的合理性观念产生分歧和冲突;其次,这种个人性的分歧与冲突必定会带来这个社会理性概念的内在分裂;最后,为了使民主社会得以延续和发展,必须寻求解决分歧和分裂的方式。这是现代多元化民主社会之所以必然产生对公正程序与和谐统一的公共理性要求。所以,建立最合适的基本正义观念以便在确保个人自由权利的同时确保社会的多元宽容,就成为现代民主社会的基本政治需要。他认为社会中最需要帮助的是那些处于社会底层的人们,他们拥有最少的权利、机会、收入和财富,社会不平等最强烈地体现在他们身上。这些人被 Rawls 称为"最不利者"。一种正义的社会制度应该通过各种制度性安排来改善这些"最不利者"的处境,增加他们的希望,缩小他们与其他人之间的差距。这样,如果一种社会安排出于某种原因不得不产生某种不平等,那么,它只有最大限度地有助于最不利者群体的利益,它才能是正义的。

现代社会,随着政府治理理念的转变,公众参与的意义得以突显。自 1980 年代以来,在全球范围内掀起的一股政府治理模式变革,主张由政府管治(Government)型向治理(Governance)型转变,依靠市民社会的迅速兴起,对政治力量的滥用起到制衡作用,从而把市民社会(Civil Society)与国家协调在一起,也就是在政治力量和市民社会之间建立合作互动的良性关系[81]。这种变革是在整个社会层面上重新界定政府的职能与角色定位,实现政府与市民社会之间关系的根本变革。这种变革的目的是要改变战后几十年政府形成的职能活动范围和运行机制,力图在政府与市场之间寻求更为有效地提高公民普遍福利及提升国家生产力、竞争力的制度安排和组织创新。除去公众参与自身所带有的平等、自由、民主等政治理念外,从促进政府善治的角度出发,公众参与更多的成为提高政府治理绩效的工具。

2.4.2 有效公众参与的因素

然而,在公共物品提供过程中真正有效的实施公众参与并不容易,学术界和实务界在这方面的观点大相径庭。不少学者都对公众参与的必要性和有效性提出过质疑,有些甚至持非常鲜明的反对态度(Moynihan, 1969; Hart, 1972; Kweit, 1981)。与此同时,许多政府官员也经常认为,公众参与将使他们必须投入相当多的时间和精力来应付,从而影响到日常事务的进行(全钟燮,2008)。在这样的理论及社会背景下,对于保障性住房此类准公共物品,研究公众如何有效参与其提供过程中产生的公共决策显得更富现实意义。

尽管公众参与的方式相当多元而且富于弹性，但在实际应用上并非总是有效，因为有效的公众参与必须具备一定的条件，并需要充分考虑公众参与的限制性因素。台湾著名学者陈金贵将这些因素概括为三个方面，即参与主体、参与制度和参与实务，如表 2.3 所示(陈金贵，1992)。

表 2.3　　影响公民有效参与的限制性因素

限制性因素	应该达到的主要标准	备注
参与主体层面	● 公民具备参与的意愿和能力 ● 每个人都有平等接近公共决策的机会 ● 社会具备普遍参与的政治文化 ● 注意专业人士与公民之间的平衡与互动 ● 合适的参与人群	这里的"主体"包括一切非政府的公民个体和社团组织
参与制度层面	● 开放、弹性的组织结构 ● 有效的决策过程 ● 公平的执行程序 ● 完整的民众参与制度 ● 权威的法定依据	
参与实务层面	● 有效的信息传递渠道 ● 有意义的政策效应 ● 经过成本效益的评估 ● 弹性化的参与方式 ● 政府回应民意的接受程度 ● 合适的参与时机	

资料来源：陈金贵. 公民参与的研究[J]. 台湾行政学报，1992(24)：95 - 128

2.4.3　有效公众参与的范围

所谓公众参与的范围，包括参与主体、参与领域和参与程度三层含义，但一般是指参与领域。从理论上讲，凡是和某项公共政策有利益关系的公民或社团组织都应该参与到该政策的制定中来。

在政策设计阶段，公民的积极参与活动表现在对正在起草的法律和政策提出异议甚至直接提出替代性的方案，在政策议程和政策内容的选择上进行与公民之间公开的对话；在执行阶段，政府与市民社会中的组织结成伙伴关系，把新的法律和政策等信息传递给其成员，并要求他们遵从；在评估阶段，市民社会中的组织可以进行独立的政策效果评价(诸大建等，2007)。

但这并不等于说，在所有时候，或在所有公共决策中，公共管理者都应该实施公民参与。毕竟，从抽象的意义上讲，公民参与并没有好坏之分，有时低度的参与甚至根本没有公民参与反而有利于某个政策问题的讨论(Thomas, 1995)。因此,在现实生活中,管理者一方面要通过公民参与获得公众的认可和支持,另一方面又要限制公民参与的范围,以确保公共管理机构决策目标的实现(托马斯·戴伊,1991)。

2.4.4 有效公众参与的模式

适度的参与比激进的参与更有可能在两个角色(指公民所扮演的参与者和服从者两种角色)之间取得满意的效果,通过适度或均衡的公民参与,这些争论的议题有可能得到有效化解。这样就可以“既避免支持者对公民参与抱有的单纯热情,又避免批判者对公民参与持有的深度怀疑”。另一方面,在多数情况下,公民参与是必需的,但以何种方式、在什么时候以及在何种程度上引入公民参与却是由公共管理者掌握的。

基于上述考虑,Thomas 教授提出了一种随机性的分析模型,试图解释政府应该在什么时候、以什么方式吸引公民参与。具体而言,在运用该模型时,管理者有五种方案可供选择,即自主式管理决策、改良的自主管理决策、分散式的公众协商、整体式的公众协商以及公共决策(Thomas, 1990)。但对于公民参与决策而言,有效决策模型也只是为公共管理者提供了一些工具,具体应该采取何种参与形式,公共管理者还必须作出准确的选择。

与 Thomas 的观点一脉相承,诸大建教授等也认为政策分析主要受政策质量和公众接受两个方面的制约,进而提出“公众参与的程度和范围应取决于不同的政策要求”(诸大建等,2007),但他们对 Thomas 的一些提法进行了创新。图 2.4 表现了在一定的约束条件下,公共管理者对公众参与形式的选择。

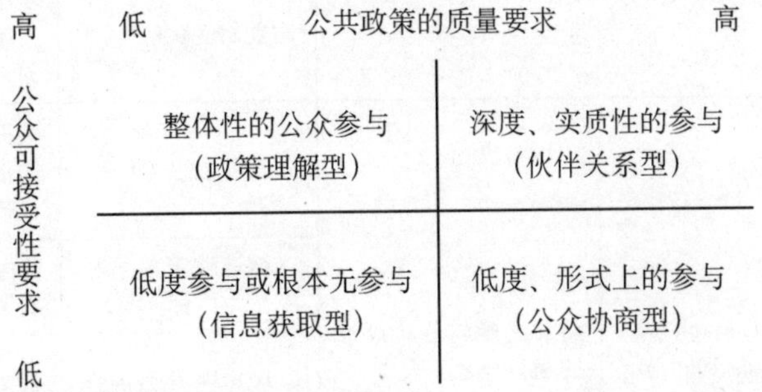

图 2.4 公众参与形式的一般选择矩阵

2.4.5 有效公众参与的途径

虽然不同学者从不同角度提出了观点各异的公众参与理论,所提出的公众参与途径也五花八门，但基本上都是按照不同参与程度来划分的(表 2.4)。无论公众参与的实现形式有多么复杂，基本上可以从性质上分为两大类，即常态的公众参与和非常态的公众参与。当所采取的各种手段在常态参与的范围内不能达到既定目的时，就要借助一些非常态的参与作为补充，两者共同构成了公众参与的一般形态(李图强，2004)。

表 2.4　　几种有代表性的公众参与理论(从参与途径层面)

公众参与理论(参与途径层面)	学　者	主要内容		
		基本描述	参与类型	具体途径
公民参与阶梯	Sherry R. Arnstein 1969 年	根据公民在公共决策时能发挥影响力的程度，将公民参与的方式从最少参与到完全主导分为 8 个层次	无参与	政府操纵 教育公众
			象征性参与	提供信息
				向公众咨询
				安抚
			完全参与	合作关系
				授予权力
				公民控制
公民直接参与的十二种途径	B. Barber 1986 年	从直接民主的角度提出了 12 种途径(可分为 3 大类)，以期使公民参与能落实到实际的制度上	建立对话制度	村民大会；乡镇集会与公民沟通机构；公民教育以及平等获取信息的渠道；补充性机构
			建立决策制度	全国参与及投票程序；电子投票；抽签选举；公共选择的兑换券与市场途径
			建立制度化的行动	全国/邻里公民资格与共同行动；工作场所的民主气氛；改造邻里公共空间
公民参与公共政策的有效途径	John Clayton Thomas 1990 年	将公民参与公共政策的途径分为 4 大类	以获取信息为目标	关键公众接触；由公民发起的接触；公民调查；新的通讯技术
			以增进政策的可接受性为目标	公民会议；咨询委员会；斡旋调解
			以构建强有力的合作关系为目标	培养知情公众；政府和公民相互学习；为公民团体提供支持
			高级形式	申诉专员和行动中心；志愿主义；共同生产；决策中制度化的公民角色

续 表

<table>
<tr><td rowspan="2">公众参与理论（参与途径层面）</td><td rowspan="2">学　者</td><td colspan="3">主要内容</td></tr>
<tr><td>基本描述</td><td>参与类型</td><td>具体途径</td></tr>
<tr><td rowspan="3">促进公民积极参与的常用工具</td><td rowspan="3">OECD 2001 年</td><td rowspan="3">作为加强政府—公民关系的最高级别，公众参与可分为 3 个层次</td><td>设计政策议程</td><td>公民会议；公民陪审员</td></tr>
<tr><td>政策制定和执行过程中的具体政策建议甚至合作</td><td>利益相关者评估；传统的三重底线委员会以及联合工作小组</td></tr>
<tr><td>更开放的公众参与</td><td>开放的工作小组；公民参与使命和不同战略的制定；公民论坛；对话</td></tr>
<tr><td rowspan="5">五种公民参与途径</td><td rowspan="5">江明修（台湾著名学者）
1997 年</td><td rowspan="5">针对公民参与的实践，提出了 5 个落实的途径</td><td colspan="2">参与社区发展</td></tr>
<tr><td colspan="2">倾听民众心声</td></tr>
<tr><td colspan="2">基层行政组织（从基层开始）</td></tr>
<tr><td colspan="2">代表性行政组织（反映不同利益与属性）</td></tr>
<tr><td colspan="2">公私协力合作</td></tr>
<tr><td rowspan="3">三个公众参与阶段</td><td rowspan="3">赵德关
2006</td><td rowspan="3">在 Arnstein 公民参与阶梯的基础上，结合我国的实际情况以及未来的发展趋势，将公众参与划分为 3 个发展阶段</td><td>象征性参与阶段</td><td>虽然在个别领域有了一些零星的公众参与，也有了一些制度性规定，但整体上缺乏公众参与的自觉，公众参与的作用甚微</td></tr>
<tr><td>组织化参与阶段</td><td>有组织的公众参与在城市管理中大量出现，系统化的公众参与制度建设进程开始启动</td></tr>
<tr><td>制度化参与阶段</td><td>公众参与的各项制度得到确立并不断完善，形成了法制化的参与规范</td></tr>
</table>

资料来源：李图强，2004；Arnstein，1969；B. Barber，1986；江明修，1997；OECD，2001；孙伯瑛，2003；赵德关，2006

总的来说，管理决策是联接参与范围和具体参与途径的理想纽带，而现有相关研究成果对公众如何有效参与公共决策这个问题回答得还不够深入，特别是提出的对策缺乏可操作性。正如约翰·托马斯所言，公共管理者应该在什么时候接纳公众参与，以及怎样吸引和邀请公众参与？对于解决这些难题，传统公共行政理论文献的解释十分有限。

2.5 总体评述

当前，在住房保障领域，对保障性住房提供模式的研究较少，更多的研究集中在住房保障水平、保障对象的界定等领域，而在提供保障性住房成为住房保障主要内容的今天，保障性住房的提供模式决定着住房保障的效率和效果，对其进行研究显然具有很强的现实意义。

在公共物品的提供模式方面，物品的属性决定着提供模式的有效性。通过学界对物品分类的不同研究视角，我们对适合无排他、有竞争类准公共物品提供的三种经典模式分别进行了研究综述，三种模式各有所长，同时各有局限。探寻我国城市保障性住房的有效提供模式，简单套用现有模式显然是行不通的，需要进一步分析保障性住房本身所具有的属性，并将成熟的理论模型嵌入到我国城市发展的现实情境之中，加以创新，才有可能推动适合我国城市发展的保障性住房提供模式的探索。

通过研究综述发现，随着政府治理理念的发展，治理主体多元化成为趋势，公私合作和公众参与成为提高政府治理绩效的有效手段。公私合作通过公私双方决策权的合理配置，从而提高公共物品的提供效率；公众参与通过促进公民满意，从而提高公共物品的提供效果。但针对具体公共物品提供机制的研究又往往有失偏颇，或偏重公私合作从而导致过于关注提供效率而忽视提供效果，或偏重公众参与从而导致过于关注提供效果而忽视提供效率。事实上，效率和效果作为公共服务(物品)提供绩效的组成部分，简单地偏向一方必然导致片面，对于以提高公共服务(物品)绩效为目标的有效提供模式研究，必然要系统考虑效率和效果两个方面。

在公私合作方面，当前对以公私合作机制提供准公共物品的研究逐渐成为潮流，但绝大部分研究仍集中在铁路、公路等基础设施建设及水、天然气等自然垄断物品的提供上，对保障性住房提供中的公私合作鲜有研究，部分学者论及保障性住房建设时提出过进行公私合作的建议，但大多泛泛而谈，研究多是集中在解决“是什么”及“为什么”问题上，对于“怎么做”的研究不足。

在公众参与方面，对有效公众参与的相关研究可以为本研究提供有益的帮助，但这些研究更多的是学理上的，针对具体公共事务中公众参与的操作性分析很少，具体到保障性住房提供中的公众参与更是空白。

上述相关研究的不足为本研究提供了空间，针对当前保障性住房提供的效率低下、效果不足的问题，本书力图设计出一种有效提供模式，综合运用公共物品提供的公私合作机制和公众参与机制的相关理念，通过公私合作机制提高提供效率，通过公众参与机制提高提供效果，通过两种机制的有机结合，最终实现提高政府提供保障性住房这一公务服务绩效的目标。

03

第 3 章　保障性住房提供模式选择与三方合作模式

3.1　保障性住房属性分析及其提供的绩效评价
3.2　保障性住房提供模式的变迁及绩效评价
3.3　保障性住房提供模式选择
3.4　保障性住房提供的三方合作模式

保障性住房提供模式的有效性取决于两个方面，一方面要满足对提供模式的内在要求，即提供模式必须与保障性住房的属性相适应；另一方面要满足对提供模式的现实要求，即提供模式必须能够解决现实中存在的效率、效果问题。因此，本章首先对保障性住房的属性进行分析，进而提出保障性住房提供的绩效评价标准，结合上海保障性住房提供的现实问题，对可供选择的保障性住房提供模式特征进行对比分析，在此基础上进行保障性住房提供三方合作模式的构建。

3.1 保障性住房属性分析及其提供的绩效评价

3.1.1 保障性住房属性分析

商品住房拥有商品的一切特征，这决定了"市场"是提供商品住房的最优模式。同样，保障性住房的特征将是决定其提供模式的基础，那么，保障性住房拥有那些特征呢？

1. 消费的竞争性

保障性住房在消费特征上与商品住房相同，在保障性住房总量既定的情况下，一人对保障性住房的占有，必然减少其他人的消费数量。

2. 技术上的非排他性(弱排他性)

体现在两个方面，一是对保障对象而言，城市居民一旦进入政府设定的保障范围，便不可能将其排除在外；二是对整体社会公众而言，保障性住房的提供为低收入群体解决住房问题，可以促进社会稳定，提高城市治安水平，改善城市环境，进而促进城市经济社会的整体发展，对于生活在城市里的居民而言，这无疑会对他们带来益处，技术上很难将某一社会个体排除在保障性住房所带来的这些利益之外。

3. 正外部性

Baumol 和 Oates(1988)[94]对外部性的定义作了总体考察，归纳存在两种外部性的定义：第一种，如果某个经济主体的福利(效用或利润)中包含着某些变量的值是由他人选定的，而这些人不会特别注意到其行为对于其他主体的福利产生的影响，此时就出现了外部性；第二种，对于某种商品，如果没有足够的激励形成一个潜在市场，而这种市场的不存在会导致非帕累托最优的均衡，此时就出现了外部性。

根据上述定义，我们来考察保障性住房外部性的体现。保障性住房的提供帮助低收入群体解决住房问题，可以促进社会稳定，提高城市治安水平，改善城市环境，这无疑会为生活在城市里的每一个经济主体带来益处。这正是第一种定义所描述的，保障性住房的提供增加了生活在城市中的经济主体的福利，但那些不在保障范围内的经济主体是不会特别注意到这些福利产生的影响。换句话讲，一个在居住在别墅里的富豪可能不会去关心上海的住房保障政策，虽然他的确从中受益了。

任何社会个体或社会组织如个人、家庭、企业、政府的选择或决策，均涉及对资源不同用途的效益的比较。效益表现为收益与成本的差额。这里的"成本"所指为机会成本，是指一定量资源用于某种用途而必须放弃的其他用途可能带来的收益，简单地说就是为了得到某种东西必须放弃的其他东西。机会成本总是与选择联系在一起的，开发商可以选择开发利润率高的高档商品房也可以选择开发利润率低的保障性住房（国务院《城镇经济适用住房建设管理办法》中规定，开发经济适用房的利润率控制在3%之内），那么，开发保障性住房的机会成本就是放弃开发高档商品住房的高利润回报。很显然，在好的房产形势下，开发商会选择开发利润高的高档品住宅，而没有去开发保障性住房的意愿，如果单纯依靠市场提供，保障性住房的市场供给量必然会少于社会最优供给量。这正是第二种定义所描述的，没有足够的激励形成一个潜在的保障性住房市场，而这种市场的不存在会导致非帕累托最优的均衡。

通过上述分析可知，保障性住房具有消费的竞争性及技术上的非排他性，是具有正外部性的准公共物品。

3.1.2 保障性住房提供绩效评价

保障性住房具有准公共物品的属性，其提供绩效可以用"政府绩效"予以衡量。

"政府绩效"，西方国家又称"公共生产力"、"国家生产力"、"公共组织绩效"、"政府业绩"、"政府作为"等。它是运用科学的方法、标准和程序，对政府机关的业绩、成就和实际工作做出尽可能准确的评价，在此基础上对政府绩效进行改善和提高。政府工作效率分为宏观、中观和微观三个层次，其绩效要求是不同的，但有一点在当代国际行政管理实践中是达成共识的，即"3E"标准[95]：经济（Economy）、效率（Efficiency）和效益（Effectiveness）。

就保障性住房的提供而言，"3E"涉及政府管理活动的三个方面：投入、产出、满意。"投入"分为两部分，一部分是政府为建设保障性住房而投入的土地及直接资金成本；另一部分为政府部门从事管理活动耗费的人力、物力、办公设施和设备等。"产出"即为保障性住房，可以用面积来衡量。"满意"为保障对象的满意程度，可以"保障对象满意度"

予以衡量，具体体现为保障对象是否接受保障性住房及对保障性住房的抱怨程度。保障性住房的提供绩效满足以下公式：

$$P = E/I = E/O \times O/I \tag{3.1}$$

式中 P——保障性住房提供的政府绩效(单位投出所产生的满意)；

E——保障性住房提供所产生的满意；

O——保障性住房提供的产出；

I——保障性住房提供投入；

E/O——保障性住房提供的效果(单位产出所产生的满意)；

O/I——保障性住房提供的效率(单位投入带来的产出)。

1. 投入、产出、满意之间的关系。

在评价保障性住房提供绩效的过程中，既要考虑直接反映提供结果的满意类指标 E，也要考虑体现提供过程的产出类指标 O。原因在于，既要引导政府注重公共服务提供的最终结果，但同时也不可矫枉过正，忽略政府工作过程对结果影响的间接性。反观目前的保障性住房提供评价现状，政府的注意力过多地集中在过程表现，即关注的焦点在产出的多少，目标的设定通常为每年提供多少平方米的保障性住房，但对于这些保障性住房到底能够产生多少满意，却有意无意地予以忽视，这直接导致了保障性住房建设中出现“政绩工程”、“形象工程”等问题。只有平衡考虑结果与过程，才能使绩效评估更有意义。

2. 效率、效果及 P 值的意义

保障性住房的提供绩效由“效率”和“效果”两个部分组成。要达到提高提供绩效的目的，单纯地提高二者之一是不可行的。只重效率而不重效果，就有可能在错误的道路上越走越远，如果建成的保障性住房无人问津，那么高效率只会让政府更快地实现这个错误；只重效果而不重效率，会使保障性住房的提供偏离住房保障的宗旨，如果政府为了得到保障对象的满意而为其提供免费别墅，对社会其他成员是不公的，那就明显偏离了“公平”的原则。同时由于城市土地和政府财力都是有限的，不重效率将会使保障性住房的建设变得不可持续。

对 P 值而言，单纯的计算其最终结果并无意义，原因在于：一方面，理论上，作为政府的一项公共服务，保障性住房的提供并无一个公认的理想模式，P 就没有理论上的最优值；另一方面，实践中，各地采取的做法不尽相同，且因近年来住房矛盾的激化，公众对保障性住房的土地成本、建设成本、开发商利润等数据较为敏感，对这些数据各地政府均采取保密的态度，进行大范围、跨区域的保障性住房提供绩效比较难度很大，很难找到一个保障性住房提供绩效的标杆，因此单纯进行 P 值的计算并无意义。

本书通过对 P 值的“效率”、“效果”两个组成部分进行阐述，认为通过构建合适的保障性住房提供模式，同时提高了提供的效率和效果，就能够达到提高提供绩效的目标。

3.2 保障性住房提供模式的变迁及绩效评价

上海作为我国一线特大城市，住房矛盾显现较早且十分突出，为缓解住房矛盾，上海在不同的阶段进行了不同的尝试，在全国具有较强的代表性。因此，本书选取上海作为研究对象，从保障性住房的提供模式和提供绩效两个角度对上海保障性住房提供历程及现状进行研究，从而明晰我国城市保障性住房提供所面临的外部环境及存在的问题。

上海保障性住房提供模式的发展历程与国家住房市场、住房保障体系发展历程息息相关，至目前为止已经历了三个阶段。

3.2.1 大规模居住区建设

政府主导的大规模住宅建设，在上海已经有 30 多年的历史。自 20 世纪 70 年代后期开始延续了十多年的第一轮住宅建设高潮，使曲阳新村、长白新村、田林新村等几十个居住区相继建成，为解决上海的“房荒”难题作出了历史性贡献。

其中最为著名的便是上海市虹口区“曲阳新村”。曲阳新村是改革开放后为上海规划的第一个大型居民生活区，建成后容纳 5 000 户居民。1983 年 2 月 21 日，邓小平视察曲阳新村，并在走访一户居民家庭后对新村建设予以肯定。从曲阳新村的建设时间来看，正处于 1979 年住房制度改革的前期，这段时期我国实行计划经济，一切由国家大包大揽，住房实行国家统一分配，无住宅市场概念可言。那一时期所建成的住宅，显示的只是住房的社会属性，住房的商品属性被压制，以当前的保障性住房概念来看，那一时期的住房更类似于政府主导提供的保障性住房。

1. 提供模式

曲阳新村的提供模式是典型的纯政府模式，其建设以纯粹的计划方式进行，从选址、设计、建设到分配，政府包揽一切，当然并不是说政府部门直接进行建设，而是指资源分配的方式并非通过“市场”进行，而是直接的行政命令。曲阳新村设计单位、施工单位分别为：华东工业建筑设计院规划、上海市建筑工程管理局，后者即为上海建工集团前身，对这些建设单位的选择并非通过市场方式，而是政府以行政命令的形式进行，他们的工作就是完成上级部门指派的任务。

2. 绩效评价

以经济学意义上的“效率”、“效果”来考察当时的住房提供绩效是困难的，一方面是数据可得性低，年代久远，数据缺失；另一方面是由于像“曲阳新村”这样的住宅项目带有明显“政治工程”色彩，其提供“效率”和“效果”均会被蒙上一层政治面纱，从而难窥真容。曲阳新村在建设过程中，中央、市、区各级领导多次来村视察和指导，1983—1990 年，共接待国内外宾客 30 多批①。对于这样的工程，政府往往会不惜代价来实现其“政治效果”最大化。就其“效果”而言，可以想象的是，对比当时普遍的居住条件，曲阳新村居民的满意度应该是高的。对于提供效率，从官方公布的数据仍可以侧面看出效率的低下②，曲阳新村 1979 年 2 月进行规划设计，1982 年底完成其中西南片区的建设，历时已有 3 年，新村整体建设完成已是 1991 年，整个建设过程延续了近 12 年。

3.2.2 “两个一千万”工程

自 1998 年 7 月 3 日国务院发布实施《关于进一步深化城镇住房制度改革加快住房建设的通知》以来，上海住房的商品化属性开始迅速凸显，商品住房开发持续加速，住房价格一路飙升，上海商品住房销售面积由 1998 年的 1 118.48 万平方米，至 2004 年已增长至 3 488.75 万平方米，房价增速更是迅猛，在 2003 年、2004 年住宅市场增长速度最快的时期，个别区域房价年增速甚至达到 80%③。

为控制房价过快上涨所带来的经济风险及社会问题，2005 年 3 月国务院发布《关于切实稳定住房价格的通知》(简称《国八条》)。随后，上海正式提出“两个一千万”工程，即，在 2005 年新开工 1 000 万平方米重大工程配套商品房和 1 000 万平方米中低价商品住房，并力争全年可预售面积 2 000 万平方米，包括配套商品房在内的中低价位普通商品住房占年内新上市商品房的比重提高到 65%。

“两个一千万”工程的提出，表面上看，是上海对中央政策的回应，但本质上，是上海应对日益高涨的动迁成本和日益激化的动迁矛盾的不得已举措。2000—2005 年间是上

---

① 资料来源：引自：上海市虹口区志[EB/OL]. http://www.shtong.gov.cn/node2/node4/node2249/node4418/index.html,2010

② 资料来源：引自：上海市虹口区志[EB/OL]. http://www.shtong.gov.cn/node2/node4/node2249/node4418/index.html,2010

③ 数据来源：上海市统计年鉴 1998—2004

海城市化进程最为迅速的5年，一方面，伴随着城市化进程加速，城市更新速度持续加快，旧城改造力度持续加大，由此而产生的大量动迁居民需要安置；另一方面，伴随这一阶段房价的飙升，安置成本持续加大，尽管动迁政策允许居民在货币与实物间进行选择，但在当时的房产形势下，选择实物安置方式的居民仍占绝大多数。而与此相对应的，是上海动迁安置房源的紧缺。为化解这一矛盾，上海市早自2002年底提出，三年中建设1 000万平方米中低价位商品住宅，定向对中低收入动迁户租售，地块选址均在上海郊区，这便是“两个一千万”工程的前身。

1. 提供模式

“两个一千万”工程采取“政府主导、企业建设”的模式，对开发企业的选择采取“招投标”方式进行。管理机制上，以合同管理为核心，明确建设周期及质量等交付要求，尽管在合同中明确了开发企业所获得的利润，但同样明确房屋建成后由政府统一回购，这在一定程度上形成了合理的风险分担机制；在决策权配置机制上，上海市住宅发展中心作为政府的代表，负责选择开发企业，推动项目进展。开发企业的自主权比较大，可自行选择施工单位、材料供应商、配套公司等。可以看出，其提供模式已包含公私合作的内容。

2. 绩效评价

就其提供效率而言，因缺乏权威数据可供查证，建设的资金使用效率不得而知，但相关工程的建设周期基本为2年，与商品住宅建设周期相仿，可从一个侧面反映出提供效率应在可接受范围内。

与其提供效率相比，广受质疑的是“两个一千万”的提供效果。“两个一千万”工程提出时轰轰烈烈，但至今仍让人们议论纷杂的是它的不了了之，究其根源，即在于提供效果的不足。

“两个一千万”项目选址均在偏远的郊区，如宝山顾村、嘉定江桥、原南汇周浦、康桥等，均是在外环以外，距市区路途遥远、基础设施薄弱、公共配套项目缺乏是“两个一千万”项目的普遍特征，尽管政府投入大量资金进行市政、公共设施建设，但仍然避免不了入住居民生活便利度的降低和生活成本的提高。原因在于：尽管政府可以提供硬件如商业、银行、邮政网点等，但相关运营商均是以市场方式运营，如区域内人气不够、消费能力不足，他们将不会进驻开办运营；以公共交通为例，政府固然可以引入公交线路，但由于居民入住率不高，公交客源少，导致公交企业亏本运营，司售职工奖金降低，工作积极性不高，服务标准降低。同时，由于“两个一千万”供应对象为中低收入群体，收入水平决定他们在作出选择时将首要考虑生活成本，生活成本的提高使他们不愿选择政府提供的住房。由此形成“基础配套设施薄弱—居民入住意愿下降—配套设施运营不足”的恶性循环，最终导致“两个一千万”房源的大量空置。以宝山顾村区域菊泉新城为例，菊泉新城是上海市属配套商品房居住区首批基地之一，占地 116 公顷，规划建筑面积 108 万平方米，其中住宅面积约 90 万平方米，规划居住人口 3.8 万人左右。房源主要用于供应轨道交通、中环线、大绿地、浦江两岸开发等重大工程项目拆迁。菊泉新城一期工程共 35 万平方米，可容纳 4 571 户居民，2003 年 9 月开工，2005 年 10 月交付使用，根据其物业登记手册记录，至 2006 年 12 月，入住户数为 534 户，空置率高达 88%。迫于资金压力，"两个一千万"中部分空置房源不得不投入市场进行消化，其宣传力度随即减弱，至 2006 年已不再见诸报端。

3.2.3 大型居住社区建设

近年来，随着住房价格的迅猛上升，住房矛盾日益激化，住房保障的呼声日益强烈。2007 年 8 月 1 日，国务院发布《关于解决城市低收入家庭住房困难的若干意见》，这是国务院第一次就住房保障问题专门发文，内容中除明确住房保障相关工作机制外，另有两点别具特色：一是明确将住房保障工作情况纳入到对地方政府的政绩考核中；二是要求地方政府制订解决城市低收入家庭住房困难的工作目标、发展规划和年度计划，纳入当地经济社会发展规划和住房建设规划，并向社会公布。可以看出，住房保障已得到中央政府的高度重视。

紧随《若干意见》之后，2008 年 1 月 21 日，上海市出台《上海市解决城市低收入家庭住房困难发展规划(2008—2012 年)》(下简称《市住房发展规划》)，其中重点阐述保障性住房建设，并把经济适用房建设作为重点。至此，在上海一直处于空白状态的经济适用房终于出现在了公众的视野。

2010 年初，上海市委书记俞正声在上海市首次经济工作会议上表示，2010 年要增加各类保障性和租赁住房供应量，增加经济适用房、配套商品房、单位租赁住房、公共租赁住房的开工面积。结合《市住房发展规划》，可以看出上海住房保障体系的基本框架，如表 3.1 所示。

表 3.1　上海住房保障体系基本框架

保障性住房类型	保障对象	保障性住房类型	保障对象
廉租房	低收入群体	经济适用房	中低收入
经济租用房	夹心层群体	配套商品房(动迁安置房)	动拆迁群体

其中廉租房的筹措采取置换、改建、收购的方式进行。新建保障性住房的范围集中于经济适用房、配套商品房。

自 2009 年始，大型居住社区成为上海建设保障性住房的主要载体。根据《上海市大型居住社区规划设计导则》，所谓大型居住社区，是指“在郊区建设交通方便、配套良好、价格较低、面向中等收入阶层的大型住宅小区”。大型居住社区一般规模约为5平方公里，人口规模约为10万人。其中以经济适用房、经济租用房、廉租房、动迁安置房等保障性住房为主，辅以部分中低价位商品房建设。

据上海市住房局统计①，截至2010年2月中旬，上海市共开工建设经济适用房605万平方米，包括：①大型居住社区22个，建筑面积约434万平方米；②市级集中建设项目3个，建筑面积约64万平方米；③利用存量土地和结合产业结构调整“退二进三”进行开发的企业项目2个，建筑面积约30万平方米；④各区县政府通过多种方式筹建的项目18个，建筑面积约77万平方米。2009年全市配套商品房（动迁安置房）共开工836万平方米，其中顾村、江桥、泗泾、周康航、浦江和曹路等大型居住社区开工面积约310万平方米，区属项目开工面积约526万平方米。

1. 提供模式

在大型居住社区为主要提供载体的背景下，上海当前采用“大企业对口大基地”的保障性住房提供模式。2009年上海市新建的保障性住房基地主要有六个，分别位于宝山顾村、浦东曹路、浦江镇、南汇周康和航头地区、江桥镇和泗泾镇。这六大基地均有相应的大型国有企业进行对口开发：上海市地产集团对口宝山顾村和浦东曹路，上海市城建集团对口浦江镇，上海建工集团对口周康地区，江桥和泗泾两个基地将分别由上海绿地集团和上海城投公司等负责开发。

在职责分工上，五大集团公司负责对口建设相关区的大基地，供地采用现状出让方式，通过一定的程序供应给五大集团公司。所在区负责落实拆迁腾地、牵头组织和管理工作；市负责研究政策，制订计划，确定地价房价，统筹房源等工作。

2. 绩效评价

从目前保障性住房整体建设进度来看，进展缓慢。2008年1月出台《市住房发展规划》，明确经济适用房和廉租房建设计划为：2008年开工和筹集400万平方米；2009年开工和筹集500万平方米。但从开工情况看，根据上海市住房保障和房屋管理局官方网站上“2009年本市经济适用住房建设和管理情况”的报告②，截至2009年底，经济适用住房已开工建设约605万平方米。与两年开工筹集900万平方米相比，尚有295万平方米缺口。尽管廉租住房筹集面积未公布，但根据既往廉租房筹措进度，要弥补295万平方米的缺口应该是不可能的。从竣工情况看，截至2009年底，全市尚未有一个经济适用房小

① 数据来源：上海市住房保障和房屋管理局官方网站[EB/OL]. http://www.shfg.gov.cn/2009/zfbz/,2009

② 数据来源：上海市住房保障和房屋管理局官方网站[EB/OL]. http://www.shfg.gov.cn,2009

区交付使用。

在资金使用效率方面，受限于数据可得性，不可能对当前保障性住房整体效率水平进行评价，但对个案的分析显示，资金使用效率并不理想(见本书第 6 章)。

原“两个一千万”工程销声匿迹正是因为提供效果的低下，目前所提出的经济适用住房及配套商品房建设指标其实大部分是由原“两个一千万”工程转化而来，因目前上海经济适用住房尚未真正进入分配阶段，提供效果无法真实显现，但鉴于原“两个一千万”工程提供的低效果，可以想象的是，现有保障性住房建设目标中的经济适用住房和配套商品房的提供效果应不会高。

3.3 保障性住房提供模式选择

有效的保障性住房提供模式必然要适应保障性住房的属性，同时必须能够解决现实中出现的效率、效果问题。政府、企业、志愿组织、保障对象是保障性住房提供所可能涉及的基本组织形式，以上述四种基本的组织形式为基础，可以衍生出六种可供选择的模式：保障对象的自治提供模式、志愿组织的志愿提供模式、政府单独提供模式、完全市场提供模式、公私合作提供模式、三方合作提供模式，如图 3.1 所示。

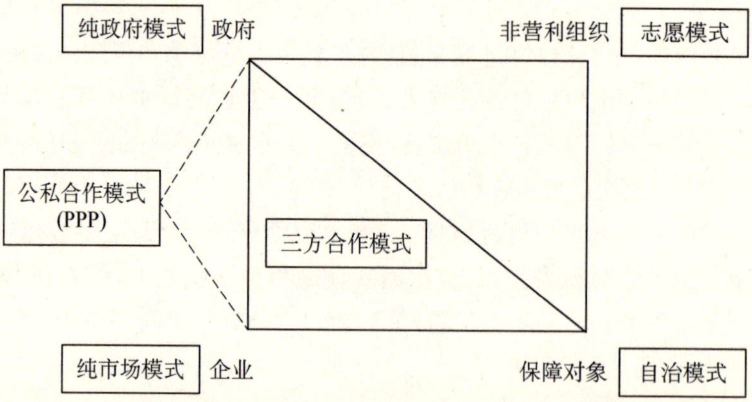

图 3.1 保障性住房提供模式选择图

3.3.1 保障性住房提供模式特征分析

针对保障性住房提供中存在的效率、效果问题，结合我国城市的经济社会发展的现实情景，前五种模式的特征分析如下：

1. 纯政府模式

政府单独提供保障性住房，会发生效率低下的情况。如前述上海曲阳新村的建设模式，我国在1998年住房市场的真正建立之前，实行的正是政府单独提供住房模式，这一阶段的住房是以一种福利品的形态存在，住房的建造国家大包大揽，住房的提供带有福利性质，住房供给的单一性和投资额度的严重不足，造成住房供给与城镇居民的实际需求不相匹配，供给严重滞后于需求。在传统的实物分房制度下，公有住房的产权属国家或者企事业单位所有，这种扭曲的住房产权特征，又导致了公有住房的居住者缺乏对所居住房屋的维修保养热情，城市存量住房维修基金匮乏，导致城镇居民居住状况的改善缓慢。政府单独提供造成效率低下的原因主要有以下三个方面：

(1) 缺乏竞争机制

市场竞争迫使私人企业设法降低成本和提高效率，那些不以最高效率的方式来有效使用资源的企业最终将被淘汰出局。然而，在政府部门中却没有这种优胜劣汰的机制。政府机构对保障性住房的直接生产并未面临直接的竞争，即使他们低效率运作，仍能够生存下去，造成了“X-非效率”，即，由于没有竞争对手，政府部门可能会过分投资，或者投资不足，为了自身的利益，政府部门可能会不适当地扩大机构、增加雇员、提高薪金和办公经费，从而造成大量的浪费，这在政府部门中是非常常见的现象。

(2) 政府机构及其官员缺乏提高效率的动机

私人企业管理人员具有降低成本追求利润的动机，由此会给企业带来创新激励机制，但政府不存在这种机制，政府官员无利润动机。由于官僚不能把利润占为己有，官僚的目标并不是提供效率最大化，而是自身利益最大化，他们所追求的就会是机构及人员规模的最大化，以增加自己的升迁机会和权势范围。近阶段随着国家对住房保障重视程度的提高，很多城市把保障性住房的建设作为政绩的体现，保障性住房的提供又出现了另一种趋势——过度提供的趋势，在这样一种政绩考核指标下，地方官员很容易产生超额生产保障性住房的冲动，而保障性住房的过剩提供是以社会所付出的巨额成本为代价的，是一种巨大的社会浪费。

(3) 缺乏监督机制

政府官员的行为必须受到立法者(人大)、其他党派(政协)、公民的监督，在中国目前的现实背景下，这些监督往往是软弱无力的。特别是对于保障性住房的提供，保障性住房的建设过程是一个较为标准的房地产开发过程，涉及房地产开发的专业知识，房地产开发跨越十数种不同行业，开发者与监督者信息不对称程度高，如果政府单独提供保障性住房，监督者缺少必要的信息来有效监督政府部门及官员的活动，作为提供者的政府却拥有比监督者更多的信息，尤其是成本、价格等信息，这样，一方面给了政府官员寻租的可能，另一方面，监督者完全可能被操纵，政府甚至有可能制定并实施某些有利于自身利益而损害公共利益的公共政策。

2. 纯市场模式

纯市场模式提供保障性住房不具备效率，我国住房供应的市场化历程已从实践中证明了这一点。理论上，通过保障性住房的属性分析可知，保障性住房是带有外部性的准公共物品。假设保障性住房的提供形成市场，并是完全竞争的，下面来考察在该市场中保障性住房提供的资源配置效率。建立如图 3.2 所示的市场均衡图。

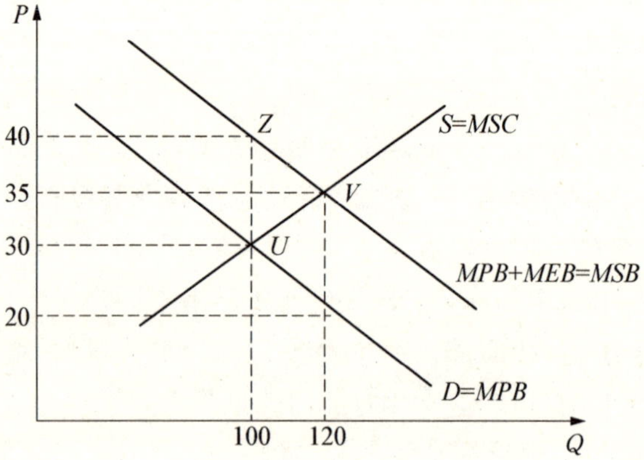

图 3.2　保障性住房提供的市场均衡图

图 3.2 中，保障性住房的需求曲线 D 与供给曲线 S 交于 U 点，这一点所反映的均衡产量与价格分别为 10 套、30 万元。显而易见，10 套的保障数量不是具有效率的，因为需求曲线 D 仅是保障性住房开发商自身可从保障性住房开发中获得的边际收益，也就是说，开发商所依据的仅仅是 30 万元的边际私人收益，而未包括 10 万元的边际外部收益。在 D 所代表的保障性住房提供的边际社会成本的供给曲线（为简化起见，本例假设保障性住房提供的私人边际成本等于边际社会成本）相交点所决定的产量水平上，保障性住房提供的边际社会收益（40 万元）超过私人边际收益（30 万元）。

边际社会收益（*MSB*）可通过将私人边际收益（*MPB*）与外部边际收益（*MEB*）相加求出，即：

$$MPB + MEB = MSB \tag{3.2}$$

这表明，由于保障性住房的正外部效应，其提供的私人边际收益小于边际社会收益。而要达到社会资源配置的帕累托最优，图中所示的 $D = MPB$ 线应向右上方平移相当于10万元的垂直距离，为 $MPB + MEB = MSB$ 线所代替。$MPB + MEB = MSB$ 线同 $S = MSC$ 线相交于 V 点，由此而决定的保障数量为120套，此产量为社会最优产量水平，它满足实现社会资源配置的帕累托最优条件：保障性住房提供的边际社会收益等于其边际社会成本，即：

$$MPB = MEB = MSB = MSC \tag{3.3}$$

可以看出，如单纯以市场方式提供保障性住房，将会造成图中所示的UZV面积大小的社会净收益损失。

由此得出的结论是，以完全市场模式提供保障性住房，将会造成保障性住房的生产和销售不足，社会净收益受到损害，不具备配置效率。

3. 非营利组织志愿模式

非营利组织(Non-Profit Organization)又被称为第三部门(Third Sector)、志愿组织(Voluntary Organization)及非政府组织(Non-Government Organization)等。联合国对非营利组织的定义为：如果一个组织一半以上的收入不是来自以市场价格出售的商品和服务，而是来自其成员缴纳的会费和支持者的捐赠则是非营利组织。由于各个国家此类组织在资金来源结构上存在较大差异，此标准并不具有普适性。一般意义上的非营利组织可以定义为：是指不以营利为目的，主要开展各种志愿性的公益或互益活动的非政府的社会组织[96]。

随着世界经济的发展及公共管理理念的创新，非营利组织在发达国家得到了快速发展，非营利组织数量年均增长速度达到10%～15%[97]。

非营利组织的这种快速发展得到了新公共管理理论的支撑。新公共管理理论认为，在处理具有外部性的准公共物品的提供问题上，存在着政府失灵和市场失灵，非营利组织作为处于政府和私人企业之间的第三部门，被一些西方学者赋予了提供准公共物品的责任。萨拉蒙(Salamon 1995)[98]使用“三元模式”来描述当代西方社会的基本结构，即“政府部门—营利部门—非营利部门”，认为非营利组织提供是解决准公共物品提供难题的有效方式；奥斯特罗姆夫妇(1999)[43]在对公共池塘物品的提供进行博弈分析的基础上，提出了政府—非营利组织—营利组织合作的多中心治理模式。

国内学者在研究住房保障方面的问题时，也往往会给出通过非营利组织进行提供的政策建议，田一淋(2007)[77]提出保障性住房提供的PIPP(public-Intermediary-Private

Partnerships)模式，其中的 I(Intermediary)即是指非营利组织。

从理论上固然可以证明非营利组织提供具有外部性准公共物品的有效性，但理论分析上的非营利组织是具有条件的，萨拉蒙(Salamon 1995)[98]从组织特征来界定非营利组织，他认为非营利组织满足以下六个基本的特征：正规性、民间性、非营利性、自治性、志愿性和公益性的组织就可以称为是非营利组织，也就是说非营利组织要实现提供准公共物品的责任，首先必须有完善的法律体系限定非政府组织的边界；其次，非营利组织必须是拥有自主权，独立于政府之外的；再次，非营利组织所进行的活动并非为了自身利益，而是为了公益，出于自愿。

反观我国非营利组织的现状，虽然随着经济社会的发展在数量有上升，截至 2005 年底，民政部门登记注册的非营利组织已有 31.5 万个(民政部网站)，但在实质上，并不具备非营利组织应有的特征，主要体现在以下几个方面[99]：

(1) 非营利组织的自主性不足，行政化色彩过浓。

我国目前的志愿者组织主要还是由行政力量推动，党政部门与志愿者组织设置高度同构，志愿者组织的组织化和社会化水平较低，自主空间不足。在可以承担保障性住房提供的非营利组织方面，比如各地的房地产协会，往往成为政府部门的附庸。

(2) 非营利组织的资金来源不充沛。

发达国家的非营利组织资金来源主要为捐赠，但中国目前尚为发展中国家，公民富裕程度及公益意识远未达到发达国家水平，我国的非营利组织资金主要来自政府，这也使非营利组织的自主性得到了削弱。

(3) 法律体系不完善。

从全国来看，目前还没有针对非营利组织建立一套完整的全国性的法规，也还没有一个针对志愿者组织管理的综合性政策，这样就导致非营利组织的法律主体地位缺失，其运作边界得不到明确的界定，往往是政府让干啥就干啥，成为政府的工具。

综合上述分析，本书认为在我国目前的情境下，并不存在可以承担保障性住房提供责任的非营利组织。理论上，固然可以把真正意义上的非营利组织的培育作为政策导向，但非营利组织并非单纯靠政府培育就能够发展起来的，其发展和国家经济社会的发展水平密切联系，并非短时期内就可一蹴而就。

4. *保障对象自治模式*

此部分结合北京市第一起“合作建房”案例分析予以论述。

2003 年 12 月 1 日，北京市民于凌罡在网上发帖倡导“合作建房”，应者众多，成为北京倡导合作建房第一人。2004 年 12 月 18 日，于凌罡正式发起“合作建房”，把它定义为住房人为争取“配套收益权、物业自主权、成本价住房”三项基本权利，以“政府规划管理、住房人出资、专业公司建设、金融机构监管”为特征的新开发模式。希望通过合作建房使得住房的参与人为共同抵制开发商的暴利团结起来，自己当开发商。参与者于2005年4月4日共同成立了北京合作蓝城咨询服务有限公司，通过聘请专业的服务人员和机构，打理合作建房事宜。不能承受高涨的房价是众多参与者的主要动因，他们中的绝大多数为城市的中低收入群体，可以把他们视作为政府住房保障的对象，而他们的行为可以视作为住房保障对象自治提供保障性住房。

于凌罡在2008年4月24日的新浪博客上写道：“从2005年4月4日成立蓝城公司，到现在已经3年零20天了。但是，3年来，虽然经过不懈的努力，投入了大量的时间和精力，却仍未成功。首先，我在这里向跟随我合作多年的各位参与者表示真诚的道歉。并希望大家能够认真的和我一起反思，到底合作建房为什么难以成功。”在接下来的文章里，于凌罡写道：“组织中国人合作有多难？我想并不需要我来陈述。”显然，于凌罡认为失败的根本原因在于中国人难以组织。

事实上，于凌罡失败的原因并不是在于中国人难以组织，他的失败来自合作建房的制度性根源。

奥斯特罗姆[43]通过对“自筹资金的合约实施博弈”的分析，研究了自治组织中通过谈判达到合作博弈(Cooperative Game)的可能。博弈论认为，如果博弈双方之间的协议、承诺可以强制执行，具有完全约束力，合作博弈就具有可能性。博弈双方通过联盟，所得到的收益比他们单独进行博弈时要大。任何面临集体行动的一群人都需要解决三个问题：制度供给问题、可信承诺问题和相互监督问题。而解决这三个问题的制度性前提为：博弈的重复性。

奥斯特罗姆的研究，以西班牙、日本、菲律宾和瑞士等地农村的水资源利用为对象。灌溉水资源是通过引渭渠水进行的。由于水资源的有限性和农作物生长的周期性，灌溉往往必须在有限的时间内完成，那么，哪一户的哪一块田地先灌溉就是村民最为关心的事。但由于村民的责任田分散在该村不同土地的不同区域，对于一村的灌溉事务而言，村里的哪一片地先灌溉一般由村民委员会组织下的村民议事会决定，其中哪一户的田地先灌溉则由村民协商确定。一般的原则是由远及近、逐次轮流。直到每一户的可以灌溉到的每一块责任田都得到灌溉。在这一过程中，村民之间所运用的就是一种可信承诺的重复合作博弈。如果某一村民或者村长之类的有权者破坏了这一制度，全体村民则会在下一次的灌溉中将其“驱逐出局”，使其责任田的灌溉安排在最后甚至无法安排，以至丧失灌溉机会。在这种“驱逐出局”的压力下，每户在灌溉事务的重复博弈中建立了彼此合作的策略，并建立了相互信任、相互监督的合作机制。

反观于凌罡合作建房的案例，以保障性住房提供的方式对保障对象进行住房保障，具有“保障一次性”的特征，即，保障对象一旦得到保障性住房，在较长的时期内不会再有住房保障的需求，从博弈论的角度来看，保障对象、住房提供者之间的博弈在保障性住房提供过程中并非是重复博弈。这就丧失了合作博弈的基础，在博弈的过程中必然会出现制度供给问题、可信承诺问题和相互监督问题。

于凌罡在合作建房过程中遇到的正是这三个问题，在成立公司后，股东成员不断地质疑其能力，成员间相互猜疑，公司内部确定的竞地标价会莫名其妙地被竞争对手获得。出现这些问题的根源就在保障性住房提供中博弈的非重复性，公司的大多数成员拿出了毕生的积蓄，但他们得不到获益的保障，因为一旦在合作中由于规则破坏者的存在而导致他们利益受损，他们将不会再有机会惩罚规则破坏者。

5. **公私合作模式**

通过以上的分析可知，保障性住房是既具有公共物品性质（非排他性）又具有私人物品性质（竞争性）的物品，既可以成为个人投资的对象，又具有外部性，从而既要有个人付费，又需要社会支付一定的成本以保障其供给。

私人产品的总需求是通过个人需求的水平加总来计量的，公共物的总需求是通过个人需求的垂直加总而获得的。那么保障性住房这类准公共物品的总需求（它决定其均衡供给量）应该如何求得呢？对于这个问题，可以通过下面模型来加以解决，如图 3.3 所示。

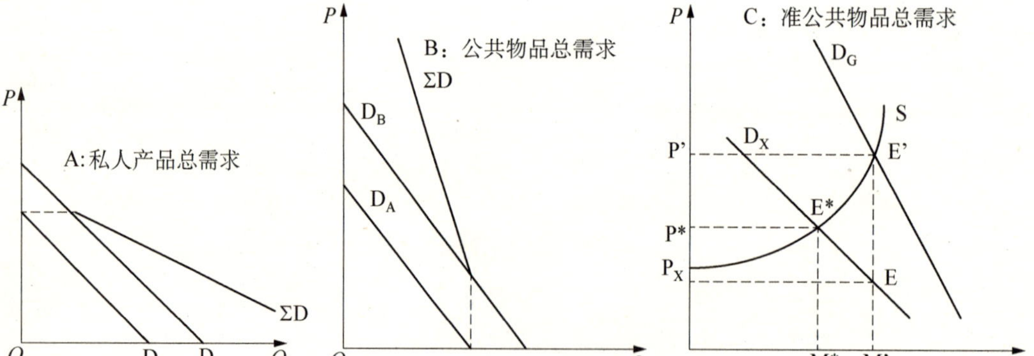

图 3.3　各类物品总需求图

首先从私人物品和公共物品的加总中分别获得两种产品的总需求 D，然后以 Dx 和 D_G 的形式中导入混合产品的模型中，并引入供给曲线 S，这就可以找到两个均衡点 E＊和 E’。在均衡点 E＊，由于供给曲线与需求曲线 DX 交，故该产品为纯私人物品，这时其均衡价格为 P＊，均衡产量为 M＊。现在随政府干预，均衡点移至 E’点，这一点可以理解为私人支付加公共支付后形成的总需求与总供给的平衡点。在这个既有私人支付又有公共支付的均衡点上，均衡产量为同 M'，均衡价格为 P'，而余下的 E'E 则为政府的公共支出。

准公共物品的这种均衡表明，类似保障性住房这类具有外部性的准公共物品，其费用支出既不能只有私人来承担，也不宜由政府全部承担。这为保障性住房提供的政府与企业的合作提供了理论基础。

3.3.2 保障性住房提供模式特征评述

在可供选择的保障性住房提供模式中，纯政府、纯市场模式不具备提供效率；限于我国城市经济社会的发展现状，真正意义上的非营利组织并不存在，无法担当保障性住房提供主体的责任；"合作建房"的案例说明，由于保障性住房提供的单次博弈特征，自治模式显然不适合保障性住房的提供。

理论及大量的实践均证明，公私合作机制可以提高公共物品提供效率，但仅以"效率"作为衡量政府提供公共物品绩效的标准却有失偏颇，事实上，对保障性住房提供绩效的衡量应当同时关注"效果"，因为假如建成的保障性住房无人问津，只会带来更大的资源浪费。因此，单纯以"政府—企业"这样一种二元结构模式来提供保障性住房，尽管在真正形成公私合作关系的前提下可以提高提供效率，却难以顾及提供效果。

3.4 保障性住房提供的三方合作模式

3.4.1 提供效益最大化目标约束下的三方合作条件

本书所研究的保障性住房提供的三方合作模式，是在我国城市发展的现实情景中，在公私合作模式这一"政府—企业"二元结构模式的基础上，增加保障对象，形成的"政府—房产企业—保障对象"三元结构模式。

如前所述，在对公共物品提供模式的研究中，理论及实践均证明：公私合作可以提高提供总效益，本书在公私合作的基础上引入第三方合作者—保障对象，就会引出如下问题：①相对公私合作，三方合作是否可以带来提供总效益的提高；②如果可以带来提供总效益的提高，那么提供总效益最大化的目标约束下，三方合作的条件是什么。本书以构建数学模型的方式对上述两个问题进行研究。

1. 管理学背景

Hart、Shleife 和 Vishny(1997)[56]构建了 HSV 模型，从不完全契约和产权理论的视角分析了公共部门所有和私人部门承包两种情况对产品和服务成本及质量改进等方面的不同影响，首次从理论上将合作方类型的不同引入到公共物品提供模型中，指出合作方类型的不同会对决策权的配置产生影响，进而影响提供效率。随后 Besley 和 Ghatak[57]研究了 PPP 生产纯公共服务时的决策权分配问题，但其对决策权的配置使用 0/1 配置的方法，即只有一方完全掌握决策权，并没有考虑到现实中往往是合作双方都拥有部分决策权的情况。M. Francesconi & A. Muthoo[58]研究了生产准公共产品时的公私部门间决策权分配问题，即如何激励公共部门和私人部门的努力水平来提高总效益。

在上述研究基础上，国内学者张喆、贾明和万迪昉[73]构建数学模型分析了中国背景下 PPP 合作中的政府和企业的控制权分配问题，认为在不同参数情况下给予政府和企业不同的决策权和利益分配是提高 PPP 合作效率的关键，论证了在公私合作提供公共物品时，存在最优决策权使得提供总效益最大。赵立力[74]在公共产品的建设—运营—移交模式(BOT)中，运用博弈论方法构建数学模型研究讨论各参与主体的行为对各参与方利益的影响，研究显示一定条件下各参与方的努力水平越高，会带来更高的总效益。此外，国内学者王欢明①在研究公交服务供给时，采用构建数学模型的方式研究了引入公众参与公交服务供给下的提供效益。

本书数学模型的构建在借鉴 Hart、Shleife 和 Vishny 的 HSV 模型以及张喆、赵立力等国内学者在进行公私合作研究时所构建的数学模型的基础上，结合保障性住房提供实际，引入保障对象作为第三个合作方，研究在提供总效益最大化的目标约束下三方合作的条件。

2. 保障性住房提供的参与三方之间的合作与冲突

保障性住房提供中存在市场失灵与政府失灵，政府、房产企业与保障对象三方各有自身的能力优势与劣势，在保障性住房提供的三方合作模式中，合作与冲突并存，合作表现为：通过三方之间合理的决策权分配，三方各自显现自身的能力优势，同时通过其余两方弥补自身劣势，通过合作起到优势互补的作用，最终达到保障性住房提供总效益最大化的目标；冲突体现为：尽管三方合作的目标为保障性住房提供总效益最大，但三方的利

① 同济大学经管学院 2009 级博士生，笔者同门，因其论文仍在评审中，尚未公开发表，故未能对其研究成果予以引用，模型构建的思路部分来自同门之间的探讨。

益诉求存在差异。作为保障性住房提供的主导者，政府的目标是保障性住房提供总效益最大化，保障对象的目标为自身利益最大化，房产企业的目标为企业利益最大化。因此，要达到提供总效益最大的目标，需要对三方在合作过程中的决策权进行合理配置，如果决策权配置不合理，则会出现一方获益较大但总效益不能达到最大的局面。现实中，政府做自己不擅长的事，越俎代庖干预房产企业开发过程，随意设定工期、指定建筑材料，从而造成政府部门利益偏大而提供总效益损失的问题；或者疏于对房产企业的监管，致使房产企业决策权过大，从而造成房产企业获利偏大而提供总效益损失的问题等，均是决策权配置不合理的具体体现。

采用三方合作模式时，政府、房产企业和保障对象的利益决策权和努力水平直接关系到保障性住房提供的总效益，为达到提供总效益最大的目的，需要合理分配三方的利益决策权，并在此基础上实施激励机制来使各方努力水平达到最高。

3. *模型假设与构建*

为方便构建和计算模型，进而使讨论更为清晰，下面给出必要的假设条件。

假设 1：鉴于现实中保障对象参与度极低的现状，同时考虑到保障对象参与度的提高需要一个长期的过程，本书所述的保障对象参与主要目标为：帮助政府明晰保障对象利益诉求。因此，模型构建时假设政府和保障对象在保障性住房提供中的利益和价值取向基本一致，均是为了供给保障对象所需的服务，两者在三方合作过程中的决策权分配和投入的努力程度，是为了保证保障性住房提供的社会效益最大化，而房产企业更多的是考虑自身的经济利益，因此针对房产企业的逐利行为，可将政府和保障对象组成联盟，其二者的成本一定程度上呈线性替代关系，k 为二者的边际成本替代率，且 $-1 < k < 1$ 。

假设 2：设定房产企业在保障性住房提供中的决策权配置系数为 β，且 $0 < \beta < 1$ ，代表着房产企业在保障性住房提供中的收益分配比例，房产企业的决策权配置系数越大，则其在保障性住房提供中获取的收益也就越大；政府和保障对象的共同决策权配置系数为 $1-\beta$，代表着政府和保障对象的共同收益分配比例。同时，存在最优决策权配置系数 β^*，当 β 达到 β^* 时，保障性住房提供的总效益最大。

假设 3：设定房产企业、政府和保障对象各自的努力水平分别为 C, G, P，且努力水平为严格单调递增函数，在保障性住房提供中三方主体应在合理的决策权范围内投入努力获取收益，即房产企业主要投入生产经营管理的努力来获取收益，政府投入土地、启动资金及管理的努力获得收益，保障对象的努力方向主要是参与保障性住房提供的决策、执行和评估等环节，确保自身的利益。三方主体的努力能带来的保障性住房提供的产出水平，设定房产企业、政府和保障对象对应的努力产出系数分别为 c, g, p，且都大于 0，则可求出保障性住房提供的总收益函数 E，在本书中，认为保障性住房提供的总效益包

含房产企业的收益，以及政府和保障对象的收益，E 为

$$E = Cc + Gg + Pp \tag{3.4}$$

假设 4：设定房产企业的努力成本系数为 $\eta > 0$，则努力成本函数[56][74]为 $\eta C^2/2$；由于假定政府和保障对象为成本替代关系，可设定两者的共同努力成本系数为 $\xi > 0$，则努力成本函数为 $\xi(G^2 + 2kGP + P^2)/2$。表明房产企业的生产经营，政府的管理，以及保障对象参与都需要花费一定的成本。

根据上述假设，按照房产企业、政府和保障对象的决策权配置系数 β、$1-\beta$ 对保障性住房提供的总收益 E 进行分配，即可得到保障性住房提供中房产企业、政府和保障对象的收益，根据效益等于收益减去成本的方法，可求出房产企业的效益函数 B_c、政府和保障对象的共同效益函数 B_{gp}，以及保障性住房提供的总效益函数 B_1，可得出

$$\begin{cases} B_c = \beta(Cc + Gg + Pp) - \eta C^2/2 \\ B_{gp} = (1-\beta)(Cc + Gg + Pp) - \xi(G^2 + 2kGP + P^2)/2 \\ B_1 = (Cc + Gg + Pp) - \eta C^2/2 - \xi(G^2 + 2kGP + P^2)/2 \end{cases} \tag{3.5}$$

依据上述假设与分析，构建如下数学模型

$$\begin{aligned} &\max_{\beta、C、G、P} B_1 \\ &s.t.\ \beta、C、G、P \in \arg\max B_c \\ &\qquad \beta、C、G、P \in \arg\max B_{gp} \end{aligned} \tag{3.6}$$

该模型表示，保障性住房提供采用三方合作模式时，为了达到总效益 B_1 最大的目标，需要房产企业、政府和保障对象三方合作时进行最优的决策权配置和投入最大的努力水平。其中第一个约束条件为：以总效益最大化为目标的前提，三方决策权配置及努力水平需同时满足房产企业效益最大；第二个约束条件为，以总效益最大化为目标的前提下，三方决策权配置及努力水平需同时满足政府和保障对象共同效益最大。

3. **模型求解**

采用逆向归纳法求解，以提供总效益最大化的目标约束为前提，需要三方在最优决策权配置的前提下投入最优的努力水平，首先求出三方努力水平 C，G，P 关于其对应的决策权配置系数 β 和 $1-\beta$ 的函数；其次将决策权配置系数所表达的 C，G，P 函数代入到总效益函数 B_1 中，可得到关于决策权配置系数的总效益函数，对总效益函数表达式求关于决策权配置系数的偏导，并令其为零，即可得出最优决策权配置系数 β^*；最后根据 β^* 可得出保障性住房提供的最大总效益 B_1^*。

首先从房产企业、政府和保障对象的努力水平 C, G, P 开始求解，对上式(3.5)中的 B_c 和 B_{gp} 函数求关于努力水平 C, G, P 的偏导，并令其为0，合并整理后得到一阶条件为

$$\frac{\partial B_c}{\partial C}=c\beta-C\eta=0;\ \frac{\partial B_{gp}}{\partial G}=(1-\beta)g-G\xi-k\xi P=0;$$
$$\frac{\partial B_{gp}}{\partial P}=(1-\beta)p-P\xi-k\xi G=0 \tag{3.7}$$

由此，可解得

$$C=\frac{c\beta}{\eta};\ G=\frac{(1-\beta)(kc-g)}{\xi(k^2-1)};\ P=\frac{(1-\beta)(kg-p)}{\xi(k^2-1)} \tag{3.8}$$

此处得到的解 C, G, P 表示，在不考虑保障性住房提供总效益最大的前提下，以自身效益最大化为目标的各方努力水平，此处 C, G, P 仍随决策权配置系数 β 的变化而变化。

将(3.8)式代入(3.5)式中的总效益函数 B_1，得到总效益 B_1 关于决策权配置系数 β 的函数为

$$\begin{aligned}B_1=&\left(\frac{c^2\beta}{\eta}+\frac{g(1-\beta)(kp-g)}{\xi(k^2-1)}+\frac{p(1-\beta)(kg-p)}{\xi(k^2-1)}\right)-\frac{1}{2}\eta\left(\frac{c\beta}{\eta}\right)^2\\&-\frac{1}{2}\xi\left[\frac{(1-\beta)(kp-g)}{\xi(k^2-1)}\right]^2-\xi k\,\frac{(1-\beta)^2(kp-g)(kg-p)}{\xi^2(k^2-1)^2}\\&-\frac{1}{2}\xi\left[\frac{(1-\beta)(kg-p)}{\xi(k^2-1)}\right]^2\end{aligned} \tag{3.9}$$

此时，总效益 B_1 取决于决策权配置系数 β 的取值，为使总效益 B_1 最大，对式(3.9)求关于 β 的偏导，并令其为0，合并整理后得到一阶条件为

$$\frac{\partial B_1}{\partial\beta}=\frac{c^2}{\eta}(1-\beta)-\frac{(g^2+p^2-2kgp)\beta}{\xi(1-k^2)}=0 \tag{3.10}$$

由此解得对房产企业的最优决策权配置系数 β^*，使得总效益 B_1 最大，β^* 值为

$$\beta^*=\frac{\dfrac{c^2}{\eta}}{\dfrac{c^2}{\eta}+\dfrac{g^2+p^2-2kgp}{\xi(1-k^2)}} \tag{3.11}$$

则政府和保障对象在保障性住房提供中的最优决策权配置系数为

$$1-\beta^*=\frac{\dfrac{g^2+p^2-2kgp}{\xi(1-k^2)}}{\dfrac{c^2}{\eta}+\dfrac{g^2+p^2-2kgp}{\xi(1-k^2)}} \tag{3.12}$$

式(3.11)、式(3.12)表示，当房产企业、政府和保障对象的决策权配置系数达到最优(β 为 β^*)时，保障性住房提供总效益达到最大。

将上式(3.11)和式(3.12)代入式(3.8)，可得出在保障性住房提供总效益 B_1 最大时，房产企业经营管理、政府宏观管理和微观监控、保障对象参与的最优努力水平分别为

$$C^* = \frac{\dfrac{c^3}{\eta^2}}{\dfrac{c^2}{\eta}+\dfrac{g^2+p^2-2kgp}{\xi(1-k^2)}};\ G^* = \frac{\dfrac{(g^2+p^2-2kgp)(g-kp)}{\xi^2(1-k^2)^2}}{\dfrac{c^2}{\eta}+\dfrac{g^2+p^2-2kgp}{\xi(1-k^2)}};\quad P^* = \frac{\dfrac{(g^2+p^2-2kgp)(p-kg)}{\xi^2(1-k^2)^2}}{\dfrac{c^2}{\eta}+\dfrac{g^2+p^2-2kgp}{\xi(1-k^2)}} \tag{3.13}$$

最后，将上式(3.11)、式(3.12)分别代入式(3.9)，可求出三方合作带来的最大总效益结果，合并整理后为

$$B_1^* = \frac{c^2\beta^*(2-\beta^*)}{2\eta}+\frac{g^2+p^2-2kgp}{2\xi(1-k^2)}(1-\beta^{*2}) \tag{3.14}$$

因此，经过上述求解，可得到保障性住房提供进行三方合作时所带来的最大总效益 B_1^*，影响该总效益的房产企业、政府和保障对象分别在保障性住房提供决策中的最优决策权配置系数 β^* 和 $1-\beta^*$，以及房产企业、政府、保障对象所需投入的最优努力水平 C^*，G^*，P^*。

4. 三方合作模式与公私合作模式下保障性住房提供效益的对比

在保障性住房提供采取公私合作模式时，只有政府和房产企业的双方合作，设定此时房产企业和政府的努力水平分别为 C_1，G_1，房产企业、政府的努力产出系数保持不变，依然为 c，g，房产企业的决策权配置系数为 β_1，政府的决策权配置系数为 $1-\beta_1$，房产企业的效益为 B_{c1}、政府的效益 B_{g1} 和双方合作带来的总效益为 B_2，则可得出

$$\begin{cases} B_{c1} = \beta_1(cC_1+gG_1)-\dfrac{1}{2}\eta C_1^2 \\ B_{g1} = (1-\beta_1)(cC_1+gG_1)-\dfrac{1}{2}\xi G_1^2 \\ B_2 = cC_1+gG_1-\dfrac{1}{2}\eta C_1^2-\dfrac{1}{2}\xi G_1^2 \end{cases} \tag{3.15}$$

依据上述分析与假设，构建的数学模型为

$$\max_{\beta_1 、C_1 、G_1} B_2$$
$$s.t.\ \beta_1 、C_1 、G_1 \in \arg\max B_{c1}$$
$$\beta_1 、C_1 、G_1 \in \arg\max B_{g1} \tag{3.16}$$

该模型表示，保障性住房提供中采用公私合作模式时，为了达到总效益 B_2 最大的目标，需要房产企业和政府双方决策时设定最优的决策权和投入最优的努力水平来实现。其中第一个约束条件为：以总效益最大化为目标的前提下，双方决策权配置及努力水平需同时满足房产企业效益最大化；第二个约束条件为，以总效益最大化为目标的前提下，双方决策权配置及努力水平需同时满足政府效益最大化。

将式(3.15)中的 B_{c1} 和 B_{g1} 分别对 C_1，G_1 求偏导，并令其为 0，则得到

$$C_1 = \frac{c\beta_1}{\eta} \qquad G_1 = \frac{g(1-\beta_1)}{\xi} \tag{3.17}$$

将式(3.17)代入到式(3.15)中的总效益 B_2 函数中，得到总效益 B_2 关于决策权配置系数 β_1 函数，并令 B_2 关于 β_1 的偏导函数为 0，则可得到房产企业的最优决策权 β_1^*，结果为

$$\beta_1^* = \frac{\dfrac{c^2}{\eta}}{\dfrac{c^2}{\eta} + \dfrac{g^2}{\xi}} \tag{3.18}$$

此时，将上式(3.18)代入到式(3.17)，得到公私合作模式下保障性住房提供的总效益最大时房产企业、政府的最优努力水平，分别为

$$C_1^* = \frac{\dfrac{c^3}{\eta^2}}{\dfrac{c^2}{\eta} + \dfrac{g^2}{\xi}} \qquad G_1^* = \frac{\dfrac{g^3}{\xi^2}}{\dfrac{c^2}{\eta} + \dfrac{g^2}{\xi}} \tag{3.19}$$

将式(3.18)、式(3.19)代入到式(3.15)中，求出最大总效益 B_2^* 为

$$\begin{aligned} B_2^* &= \frac{c^2\beta_1^*}{\eta} + \frac{g^2(1-\beta_1^*)}{\xi} - \frac{1}{2}\eta\left(\frac{c\beta_1^*}{\eta}\right)^2 - \frac{1}{2}\xi\left(\frac{g(1-\beta_1^*)}{\xi}\right)^2 \\ &= \frac{c^2\beta_1^*}{\eta} - \frac{c^2\beta_1^{*2}}{2\eta} + \frac{g^2}{2\xi} - \frac{g^2\beta_1^{*2}}{2\xi} \end{aligned} \tag{3.20}$$

经过上述求解，可得到以公私合作模式提供保障性住房时所带来的最大总效益 B_2^*，以及总效益最大化目标约束下房产企业和政府最优决策权 β_1^* 和 $1-\beta_1^*$。

在上文中分别求出了保障性住房提供的三方合作模式下最大总效益 B_1^* 和公私合作模式下的最大总效益 B_2^*，二者之差为 ΔB，由式(3.14)减去式(3.20)可得

$$\begin{aligned}\Delta B &= B_1^* - B_2^* \\ &= \frac{c^2\beta^*}{\eta} - \frac{c^2\beta^{*2}}{2\eta} + \frac{g^2+p^2-2kgp}{2\xi(1-k^2)} - \frac{g^2+p^2-2kgp}{2\xi(1-k^2)}\beta^{*2} \\ &\quad - \left(\frac{c^2\beta_1^*}{\eta} - \frac{c^2\beta_1^{*2}}{2\eta} + \frac{g^2}{2\xi} - \frac{g^2\beta_1^{*2}}{2\xi}\right)\end{aligned} \tag{3.21}$$

对上式(3.21)进行整理，可得到

$$\Delta B = \frac{c^2(\beta^* - \beta_1^{*2})}{2\eta} + \frac{g^2+p^2-2kgp}{2\xi(1-k^2)}(1-\beta^{*2}) - \frac{g^2}{2\xi}(1-\beta_1^{*2}) \tag{3.22}$$

由于相对于公私合作模式而言，三方合作模式增加了保障对象这一参与方，必然降低房产企业在保障性住房的提供过程中的最优决策权配置系数，因此可知 $\Delta\beta = \beta^* - \beta_1^* < 0$。

可求出式(3.22)中

$$\begin{aligned}&\frac{g^2+p^2-2kgp}{2\xi(1-k^2)}(1-\beta^{*2}) - \frac{g^2}{2\xi}(1-\beta_1^{*2}) \\ &= \frac{g^2+p^2-2kgp}{2\xi(1-k^2)}(1-\beta^{*2}) - \frac{g^2-g^2k^2}{2\xi(1-k^2)}(1-\beta_1^{*2}) > 0\end{aligned} \tag{3.23}$$

因此，如果式(3.22)中

$$\beta^* - \beta_1^{*2} > 0 \tag{3.24}$$

则 $\Delta B>0$ 必成立，表明保障性住房提供中三方合作带来的总效益大于公私合作总效益。

为求出上式(3.24)成立，将式(3.11)和(3.18)带入式(3.24)，令

$$\beta^* - \beta_1^{*2} = \frac{\frac{c^2}{\eta}}{\frac{c^2}{\eta} + \frac{g^2+p^2-2kgp}{\xi(1-k^2)}} - \left(\frac{\frac{c^2}{\eta}}{\frac{c^2}{\eta} + \frac{g^2}{\xi}}\right)^2 > 0 \tag{3.25}$$

对式(3.25)合并整理得到关于政府和保障对象的边际成本替代率 k 的函数

$$(-g^4\eta - 2\xi c^2g^2)k^2 + 2kc^2gp + (c^4\eta + 2\xi c^2g^2 + c^2g^2 + c^2g^2) > 0 \tag{3.26}$$

可求出其解的范围为

$$\begin{cases} k < \dfrac{c^2gp + \sqrt{c^4g^2p^2 + (2\xi c^2g^2 + \eta g^4)(g^4\eta + 2\xi c^2g^2 + c^2g^2 + c^2p^2)}}{2\xi c^2g^2 + \eta g^4} \\ k > \dfrac{c^2gp - \sqrt{c^4g^2p^2 + (2\xi c^2g^2 + \eta g^4)(g^4\eta + 2\xi c^2g^2 + c^2g^2 + c^2p^2)}}{2\xi c^2g^2 + \eta g^4} \end{cases} \tag{3.27}$$

当 k 满足上述条件时，构成了 $\Delta B>0$ 的充分条件，表明在保障性住房提供中，当政府和保障对象间的边际成本替代率在式(3.26)范围内时，可以使得三方合作带来的总效益大于公私合作的总效益。而当 k 的取值不在式(3.26)范围内时，并不能保证三方合作带来的总效益大于公私合作的总效益。

综合以上分析可以得出，一方面，在保障性住房提供中引入保障对象作为提供主体，形成三方合作模式，并非一定能够提高保障性住房提供的总效益，在一定条件下可以提高保障性住房提供的总效益，但需要政府对保障对象进行恰当的引导与控制，形成有效的保障对象参与机制；另一方面，在保障性住房提供总效益最大化的目标约束下，由于存在最优决策权配置系数，因此在三方合作过程中，需要合理配置合作方的决策权，才能有效提供保障性住房。

3.4.2 三方合作模式的构建

基于以上所述，本书构建如图 3.4 所示的保障性住房提供的三方合作模式，以保障性住房提供的三方主体(政府、企业、保障对象)为基础，衍生出以政府为中心的两组合作关系(政府—企业、政府—保障对象)，通过公私合作机制明晰政府—企业关系，由激励、监督、风险分担及决策权配置等四个子机制组成，用以提高提供效率；通过保障对象参与机制明晰政府—保障对象关系，由偏好显示、选择评估、监督控制、评估反馈等四个子机制组成，用以提高提供效果；通过两种机制的有机结合，系统解决保障性住房提供中存在的效率、效果问题，从而提高政府绩效。三方合作模式下的各种子机制决定着政府在管理理念、体制、机制方面的改进。

1. 基于提供效率的公私合作机制

公私合作机制在提供准公共物品方面的有效性经过了理论的验证及大量实践的检验，但在提供保障性住房这一特殊的准公共物品方面，公私合作机制是否有效依然存在争论，问题的焦点集中在两个方面：

一方面，在实践中，目前我国城市提供保障性住房提供中基本都可以看到公私合作的影子，但随着近年来我国城市保障性住房提供过程中种种效率、效果问题的出现，部分

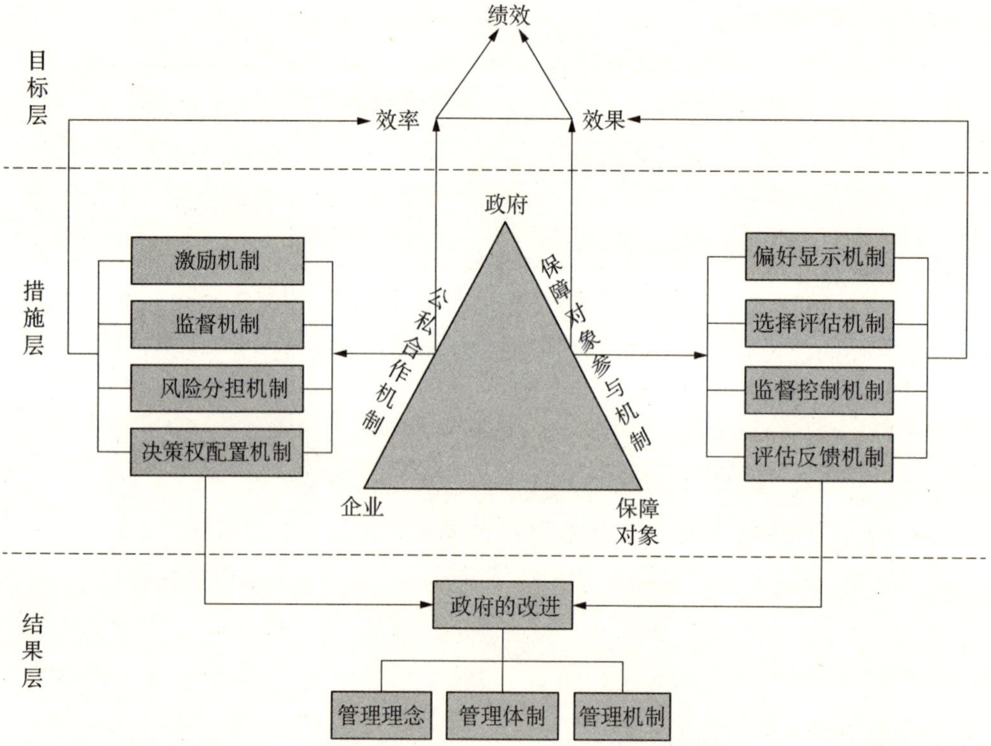

图 3.4　保障性住房提供的三方合作模式

学者把问题出现的原因归咎于公私合作模式的失败，尤其是美国次贷危机引起的世界范围内的金融风暴产生后，更是出现了一种反民营化的浪潮，认为应当加强政府责任，回归大政府时代。

事实上，笔者认为，这些问题的产生并不能单纯归因为公私合作的失败，而应更为细致地去寻找操作细节上的缺陷。诚如周志忍(2009)[100]所言：审视市场化既需要广角镜摄取整体图景，也需要显微镜透视其运作细节。

当前，我国城市保障性住房提供中的公私合作仅仅是形式上的伪合作，实质上，在政府的绝对强势下，所谓的政府合作者——房产企业往往成为政府的傀儡，效率损失等问题的出现也就不足为奇。在这样的现实下，探究保障性住房提供过程中操作细节上的缺陷十分必要，理顺内部机制，使政府与房产企业优势互补从而形成真正的合作关系，就成为为公私合作机制正名的关键。

因此，本书通过对当前保障性住房提供中运作细节的透视，发现并纠正当前一些错误的理念及不恰当做法，通过机制创新，力图使政府和房产企业形成真正的公私合作关系，从而提高保障性住房的提供效率。

2. 基于提供效果的保障对象参与机制

另一方面，公共产品的提供和需求本身就是由两个不同的主体通过不同的方式做出的，因此政府提供的公共产品往往与公众的需求是不一致的，或者无法得知是否一致[101]。如果政府在不增加公共支出的情况下，提供更加符合社会公众需求的公共产品，那么政府就可以进一步提高社会福利水平，从而获得帕累托改进。因此，要正确评价政府公共服务绩效，就应该综合考虑公共服务的效率和效果。

单纯以公私合作模式提供保障性住房失之片面，政府和房产企业的合作可以提高提供的效率，却不能保障提供的效果。也就是说，即便通过公私合作能以更少的资源提供更多的住房，但不能保证这些更多的住房可以带来更多的满意。而对于保障性住房而言，如果保障对象不满意，他们“用脚投票”会直接导致保障性住房空置，从而造成资源的大量浪费。

近年来，我国关于公私合作伙伴关系的研究可谓海量，但较一致的研究方法是把公私合作模式作为政府—企业这样一种二元结构模式来进行研究，而对服务对象却很少涉及或基本不涉及。周志忍(2009)在《认识市场化改革的新视角》[100]一文中说道：在国外相关研究的海量成果中，国人熟悉且广为引用的还是《民营化与公私伙伴关系》[44]、《公私合作伙伴关系：基础设施供给和项目融资的全球革命》[102]。上述著作均以基础设施的提供为载体来研究公私合作机制，书中绝大部分篇幅着墨于政府和企业间关系，对受众较少涉及，可能的原因在于基础设施的受众并不固定，各个阶层、不同收入的人群都能成为它的受众，难以作为一个固定的群体进行研究，这导致我国大部分以上述著作为模板的公共物品提供模式研究过于偏重效率而忽视效果。

事实上，以公私合作机制提供公共物品，本身有一个前置性假设，即单纯政府提供公共服务必然降低公共服务提供的效率与质量，从而将市场选择作为一种有效的资源配置手段和偏好显示途径。同样道理，假如在这个过程中人为地将保障对象排除在提供过程之外，而仅仅将其选择的权力控制在保障性住房建成之后，就可能会造成政府提供的保障性住房与保障对象需求之间产生偏差，从而造成提供的效果不足。而通过合理设置保障对象参与机制，使保障对象需求得以显现，就能够有效弥补这种偏差；同时，保障对象作为保障性住房提供的直接受益者，具有参与保障性住房提供决策的动力，将其作为提供主体之一，可以进一步制衡政府权力、约束房产企业行为，从而使三方关系达到平衡。

04

第 4 章　基于保障性住房提供效率的公私合作机制

4.1　保障性住房提供的公私合作机制
4.2　激励机制
4.3　监督机制
4.4　风险分担机制
4.5　决策权配置机制

尽管现实中，我国城市保障性住房提供中或多或少的存在公私合作的影子，但提供效率依然低下，这并非是由于公私合作机制本身的失败，而是由于政府与房产企业之间并未形成真正意义上的合作关系，房产企业往往作为政府的附庸而存在。在保障性住房提供的具体运作过程中，政府与房产企业间的激励机制并不能起到真实的激励作用，风险分担机制扭曲，决策权配置不合理，提供效率低下也就不足为奇。本章通过透视公私合作机制的本质，提取出保障性住房提供中公私合作取得成功的条件，以此为基础构建保障性住房提供三方合作模式中的公私合作机制，从而解决保障性住房提供的低效率问题。

4.1 保障性住房提供的公私合作机制

4.1.1 公私合作中的委托—代理问题

在保障性住房提供的三方合作模式中，政府与企业的关系本质上是一种委托—代理关系。政府作为保障性住房的安排者，在政府—房产企业的关系中处于委托人角色，其最终目标是实现公共利益最大化，以公共服务绩效最大化进行衡量；房产企业作为保障性住房的提供者，在这一关系中处于代理人角色，但作为企业，其目标只能是企业利润最大化。很显然，在政府与房产企业这组关系中，必然会产生委托—代理问题（Principal-agent Problem）。所谓委托—代理问题，是指委托人和代理人均追求自身的效用最大化，并且两者的效用最大化目标不一致。保障性住房提供中的政府与房产企业委托—代理问题产生的原因是信息不对称和不完备性契约的存在。

1. 信息不对称

保障性住房提供的多方合作模式中，政府与房产企业依靠“契约”联系在一起，但在这种契约关系中，房产企业作为代理人，有可能拥有政府所不具备的一些信息。经济学家肯尼斯·阿罗[7]将签约时信息对称而签约以后信息不对称的委托—代理问题称为“道德风险”；将代理人隐藏信息即在签约时就存在着信息不对称的委托—代理问题称为“逆向选择”。事实上在保障性住房提供中，政府与房产企业之间的契约关系同时存在“道德风险”与“逆向选择”问题。在政府对房产企业的进行选择时，房产企业为了自身的利益，有隐瞒自身不足、夸大自身实力的动机，政府对房产企业的了解，往往只能通过其自身的宣传、同行间的口碑、过往的开发经历等进行了解，但这种了解往往是片面的，简而言之，“没有人比自己更了解自己”，只有被选择的房产企业拥有自身的完整信息。因此，在政府选择房产企业的阶段，可能会存在“逆向选择”问题；另一方面，即便政府完全拥有想要获得的房产企业信息，从而在选择房产企业阶段做出了足够明智的选择，但是在双方合作的过程中，同样可能会产生“道德风险”。“道德风险”的出现正是由于签约一方不完全承担风险后果时所采取的自身效用最大化的自私行为。一方面，在保障性住房的提供中，按照我国目前的住房保障政策，房产企业是不可能完全承担保障性住房提供的风险后果的，保障性住房的供地全部是以划拨方式供应，这一政策本身就决定了地方政府在保障性住房提供中所承担的风险；另一方面，逐利是企业的本性，房产企业当然也不例外，单纯从房产企业的角度考虑，自身利益最大化本来就是天经地义的。在保障性住房提供模式中，需要依靠有效的制度设计来解决政府—房产企业关系中存在的信息不对称问题。

2. 契约不完备

根据科斯开创的企业的契约理论，绝对完备的契约是不存在的[103]。保障性住房的立项、选址、设计、建设是一个相当复杂的过程，在保障性住房的提供中，不可能制定出一个可以准确地描述与政府和房产企业交易有关的所有未来可能出现的状态的契约。这意味着，只要政府与房产企业签订契约，就可能要让渡自身的一部分利益。在保障性住房提供的全过程中，由于委托人—政府部门并不具备工程项目专业知识及管理能力，必须将项目运行过程中的决策权与执行权下放给代理人—房产企业，同时委托人需要通过严密的契约关系及对代理人的监督来限制代理人的行为，但这样做就必须付出三部分成本：①监督成本。即政府为限制和监督房产企业行为所付出的费用。②约束成本。即由于房产企业的行为受到限制或约束而不能及时作出决策所造成的损失。③净损失。即在政府监督不了而房产企业又不能自律的情况下造成的损失。这样，就需要建立一套既能够有效地约束房产企业的行为，又能激励房产企业按政府的目标为保障对象的利益而努力工作从而大大降低代理成本的激励监督机制。

保障性住房提供效率的提高正是根植于公私合作机制的成功，而公私合作机制的成功具体体现在对政府与房产企业之间委托—代理问题的有效解决。

4.1.2 公私合作取得成功的决定因素

综合以上的分析，在保障性住房提供的三方合作模式中，政府与房产企业间存在委托—代理问题，如何解决这种委托—代理问题，是处理好政府与房产企业关系的关键，进而决定着保障性住房的提供效率。本章目标即是设计出一种有效的公私合作机制,使公私双方的能力得以合理的分配,实现优势和资源互补,使保障性住房提供中的公私合作取得成功,最终实现提高保障性住房提供效率的目标。

1. 公私合作的基础

从理论上分析,保障性住房提供的公私合作机制取得成功有其理论基础,保障性住房是具有外部性的准公共物品,对这类物品的提供存在政府失灵及市场失灵,为了解决提供存在的这两个失灵,政府和房产企业的合作似乎成为必然。那么政府和房产企业合作的基础在哪里?在提供保障性住房方面,政府不具备效率,不具备创新精神及风险意识,且会为了自身的利益而盲目扩大规模,使用冗员,甚至会出现寻租的行为;但同时,保障公共利益最大化是政府的基本责任之一,政府拥有制定规则的权力,在我国目前的情景下,政府是最大的资源拥有者。如果把保障性住房提供的责任完全推给市场(就像我国在 2000—2007 年所做的),私营开发商把“利润”作为其经营宗旨,不具备提供保障性住房的动力,但私营房产开发商拥有住房开发的专业知识,市场要求他们必须具备高效率和创新精神,只有这样,他们才能在竞争残酷的房地产市场中存活。政府和房产开发商在保障性住房的提供中优缺点比较如表 4.1 所示。

表 4.1　保障性住房提供中政府、房产开发企业优缺点对照表

	政府	房产企业
优点	规则制定者	有效率
	有保证公共利益最大化的动力	具备创新精神
	资源掌控者	风险偏好型
		具备房产开发的专业知识
缺点	不具备效率	不具备提供保障性住房的动力
	不具备创新精神	
	不具备房产开发的专业知识	
	风险规避型	
	盲目扩大规模、使用冗员	
	寻租的可能	

通过政府和房产开发企业的优缺点对比可以发现,在保障性住房提供方面,政府可以通过和房产开发企业的合作而实现优缺点的互补,公私双方具备合作的基础。

2. 公私合作取得成功的决定因素

在公私双方具备合作的基础之上，我们来看保障性住房提供中公私合作取得成功的决定因素。

2000年，英国财政部工作组委托安达信会计师事务所撰写的报告（Arthur Andersen，2000）[104]中确定的私人主动融资项目成功的六个关键动因：风险转移、长期承包、基于结果的项目说明书、竞争、绩效评估和私营部门管理技能。

Berg等人（2002）[105]完成了对公私合作中私营部门主动性的考察，并得出结论：必须为私营部门的参与设计一个合适的机制，其中应包括很多标准。他们特别挑选出了四个基本要素：激励相容性、管理、可靠性和透明度。合作安排必须提供促使私营部门承担风险的激励措施；而且如果想用正确的方式管理合同，合同必须以清楚和透明的方式明确责任和角色。

达林·格里塞姆和莫文·K·刘易斯（2008）[102]认为，要使公私合作关系取得成功，需要关注的要素如下：

（1）政府机构必须将交易看做服务采购而不是购买标的的资产（在获得令人满意的服务而不是在资产建成时支付款项）。

（2）双方必须认同该交易不是一个买卖合同而是一种合作关系，双方要共同分担风险和责任。

（3）必须确定双方有能力完成和执行合同规定的他们各自的职责。私营主题必须具有这些能力和动机。政府机构必须了解市场并有能力制定商业计划书和管理合同。

（4）在招标过程中的互动是必须的，而且就合同执行的谈判必须在合作和克制的前提下进行。竞争压力是不可避免的，必须正确认识并积极对待。

（5）针对以下各个方面，进行了仔细的筹备：成果的定义、参与方的一致意见、明确的审判过程、所有权的分配、权利和责任的识别、资金最佳使用家孩子的有效参照成本、清晰的商业模式。

（6）需要确定实际的且考虑其他承诺事项的时间界限。

（7）公私合作伙伴关系合同应该足够灵活，以便考虑到可能在项目整个生命周期出现的任何新目标、未来监控和汇报要求。

（8）风险分配必须是成本—效益型，从而保证风险分配给最有能力管理风险和响应该风险所提供的激励措施的一方。

综合以上研究成果，结合对保障性住房提供中存在的委托—代理问题的有效解决，笔者认为，保障性住房提供中公私合作关系取得成功的决定因素有以下四个：①有效的激励机制，②有效的监督机制，③合理的风险分担，④合理的决策权配置。所有的四个因素均围绕着一个目标，即保障性住房的提供效率。

4.1.3 公私合作机制的构建

上述的四个因素并非孤立存在，它们之间存在着联系，而这种联系就构成了保障性住房提供的公私合作机制，由对应四个决定因素的四个子机制构成，分别为：激励机制、监督机制、风险分担机制、决策权配置机制。

图 4.1 最上层两个要素（政府与房产企业能力优势、保障性住房性质）是天然固有的，不随参与各方行为变化而变化，这正是采取公私合作机制来提高提供效率的根源所在。让合适的人去做合适的事，是最具有效率的。这句话同样适用于保障性住房提供中的政府与企业，这就意味着，在保障性住房的提供过程中，公私双方在不同的阶段，对不同决策的权力构造决定着提供效率。而这种决策权的构造是由双方的风险分担机制决定的，风险的承担应当与决策权的配置相对称，由最适合承担风险的一方来承担风险，同时应赋予其相应的决策权。激励、监督机制决定着保障性住房提供中公私双方的权益配置，因此采取不同的激励、监督机制必然对应着不同的风险分担机制。本章按照如图 4.1 所示的逻辑结构来阐述保障性住房提供中政府和房产企业之间的公私合作关系，而所有对这种关系的阐述均是围绕着提高提供效率这一目标进行的。

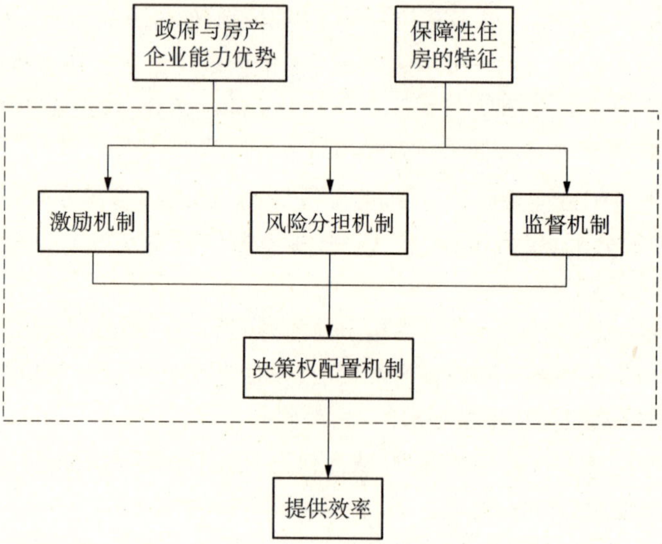

图 4.1　保障性住房提供公私合作机制图

4.2 激励机制

4.2.1 激励模式选择

广义的激励包括所有权配置和监督，正确的激励机制的建立是解决政府与房产企业间委托—代理问题的关键。委托—代理理论认为应建立一套既能够有效地约束代理人的行为，又能激励代理人按委托人的目标努力工作，大大降低代理成本，实现委托人与代理人双方利益“帕累托最优”的机制或制度安排—激励与约束机制。建立对代理人的激励与约束机制，目的是激发代理人的责任心和创造性，抑制代理人的不良动机和行为，减少道德风险，避免逆向选择行为，提高代理绩效，在抵偿代理成本之后，为委托人带来更大收益。

信息经济学家们沿着两个思路来研究代理问题，并形成了两种派别，即实证学派和规范学派。实证学派(Positive Stream)研究的重点是描述限制代理人自身利益追求的控制机制。它从公共公司所有者与管理者之间代理关系的特殊案例分析入手，提出了以下两个研究结论[107]：

结论一：基于结果的代理合同比基于行为的代理合同更能使代理人按委托人的利益行事，这样能激励代理人的有效合作行为，减少委托人与代理人之间的自利性冲突。但是这是以风险转移(Risk Transfer)为前提与代价的，代理人所承担的风险不断增加，这样的合同能否为代理人所接受而存在下去，却存在诸多对策问题。

结论二：委托人如果掌握了代理人实际行为的信息，会促使代理人按委托人利益行事。这也就是说，通过对信息系统的投资，使之能够有效地为委托人提供关于代理人实际行为的信息。在行为测评的基础上采取相应的报酬计划而代理人也由此认识到不能欺骗委托人，代理人的机会主义倾向也就可以得到抑制了。

规范学派也叫委托人—代理人流派(Proxy Agent Stream)。规范学派主张建立一种可应用于各种代理关系的一般理论，通过用数理的，抽象的方法，指出在不同条件下(结果不确定性，回避风险信息等)，哪一种合同最为有效，是基于行为的，还是基于结果的。并提出了两个研究结论[107]：

结论一：在不完全信息情况下，当委托人拥有完善的信息系统时，更适宜采用基于行为的合同,否则更适宜采用基于结果的合同。因为,通过对信息系统如预算系统、董事会、报告程序以及附设管理层等的投资,可以向委托人提供代理人行为的信息,把情况还原到完全信息状态。

结论二:当结果不确定性增高时,适宜采用基于行为的合同,否则更适宜采用基于结果的合同。因为结果不确定性使得不可能把一切都计划好,而且结果也只部分是行为的函数,有很多可以影响结果的不可控变量。所以,尽管基于结果的合同通过把代理人与委托人的偏好相结合而能够对代理人产生激励作用,但这是以风险转移给代理人为代价的,结果不确定性程度越高,风险转嫁成本也越昂贵。

由以上结论得知,委托人防御委托—代理问题的关键就在于如何界定代理人权责利的合理范围,设计激励机制的思路可以有两种:一是基于行为对代理人的行为实行监控。具体的做法可以是:事先制定合理的代理契约,确定委托人与代理人之间合理的产权结构,明晰代理人的责权利合理范围,通过委托人对代理人的监督来抑制由代理人的机会主义倾向所导致的有损于委托人利益的行为,以实现对道德风险和逆向选择现象的控制。二是基于行为结果对代理人进行有效控制。具体做法可以是:事先制定合理的代理契约,确定委托人与代理人之间合理的产权结构,明晰代理人的责权利的合理范围,并基于预期结果确定合理的利益分享机制和风险分担机制,最后基于代理效果进行利益分享。

在保障性住房提供的公私合作委托—代理关系中,首先,委托人(政府)对代理人(房产企业)的实际信息的掌握不可能十分全面,这受限于双方的能力,保障性住房建设是一项系统工程,从前期办理相关许可证件到相关建造合作方(施工单位、材料供应商、配套单位等)的选择再到项目建造过程中的管理,需要相当专业的知识,而这些知识的获得并非仅仅依靠书本即可,必须通过大量实践积累方可获得。政府显然缺乏实际建房的经验,而这些正是房产企业的长项。假如把保障性住房提供中的政府看做业主,那么相对于一般建筑市场中的业主而言,政府更具有信息劣势,他们缺乏专业的项目管理知识,对于建筑市场的行情、信息知之甚少,作为委托人的政府只能观察到项目建设的结果,而无法直接观察到房产企业的努力程度和工作状态,从而构成了严重的信息不对称。其次,虽然随着近年来房地产市场的迅速发展,政府对房产企业的监管体系日趋完善,但这种监管仍大多限于对行政许可事项的管理,具体到每一个建设环节上的监管信息系统尚未建立。

鉴于以上约束,保障性住房提供公私合作的激励机制更适宜选择基于结果的激励模式。

4.2.2 激励方式改进

本质上，保障性住房提供中所产生的委托—代理问题与企业中的委托—代理问题一样，均是由于所有权与经营权分离所造成的，考察企业中解决代理人问题模式的发展，可以为本书激励机制的设计提供有益的参考。

第一种情况，通过产权部分转移激励代理人[107]。

古典资本主义企业里之所以不存在代理人问题是因为所有权和经营权是合一的。委托人即为代理人，代理人本身就是委托人。他们工作的努力程度直接影响着他们自身的收入水平。而在现代股份制公司中，所有权和经营权分离，代理人的工作除了得到佣金以外，其他的全部交给委托人，这在一定程度上不利于代理人积极性的发挥。如何让代理人符合委托人利益最大化而行事，答案就是让委托人将部分剩余索取权转让给代理人。让代理人在取得收入以后扣除必要的开支和上交部分以外全部收归自己。通过这样权利的重新配置，用剩余索取权来激励代理人。在这种情况下，委托人用转让少部分剩余索取权的代价换取了代理人更加努力的工作。代理人的积极性提高了，不但其自身的收入大大增长，而且增加了整个企业的效益。

第二种情况，根据代理人不同的效用需求激励代理人[107]。

一般情况下，代理人的效用函数包括货币收入、非货币收入和声誉三个部分。对于货币收入这部分，是那种通常意义上的劳动所得。一般情况下，代理人都愿意索取高的货币收入，而高的货币收入也确实能导致效用的最大化。对于非货币收入，指的是那些通常不以货币来进行买卖，但和那些能以货币买卖的物品一样可以给消费者带来效用的消费项目。许多代理人在取得一定的货币收入之后，往往更注重非货币收入。比如被授予某种荣誉称号以及得到职位的提升。这些非货币收入，同样能使代理人的效用得到满足。最后是良好的声誉，好的声誉对于代理人来说可能意味着以后良好的发展前景和更高的货币和非货币收入。对于委托人来讲，了解代理人不同的偏好十分重要，正如埃冈·纽伯格等人[106]认为，委托人必须清楚任何有效的激励约束必须与代理人的目标效用函数相一致。委托人只有真正地了解代理人的效用偏好，才能有针对性地调整对代理人的激励和约束条件。

反观保障性住房提供中激励机制的现状，以经济适用房提供为例，依据经济适用房招标文件及建房合同，在当前的模式下，经济适用房建成后，政府将全部回购，产权即归政府所有，房产企业所能得到的仅是不大于建房成本3%的利润。这样的激励方式过于单一，在这种模式下，房产企业一没有动力节约建造成本，相反的，却有提高建房成本的动力，因为建房成本直接决定了他们所能获得的报酬，成本越大，按照成本×3%的利润约定，房产企业获得的利润越多；二没有动力在合理范围内缩短建房时间，因为在项目建设过程中所发生的企业开支可以列入管理费用，在没有后续房产项目的情况下，房产企业出于“养人”的考虑，有动力最大化建房时间；三没有动力提升建房质量，而只会出于提高成本考虑进行无意义的浪费型质量设计，或者以所能达到合同约定的最低建房质量交房。可以看出，必须要进行激励机制的再设计，以提升房产企业的责任心和创造力，达到提升提供效率的目标。

参考企业委托一代理问题的解决方式，为有效制定公私合作的激励机制，需要对目前的激励机制进行两个方面的改进：

1. 通过保障性住房产权的部分转移激励房产企业

制度经济学告诉我们，产权是最有效的激励方式，以经济适用房为例，假如把房屋产权分为土地部分产权与建造部分产权的话，那么在目前模式下，建房完成时，政府拥有房屋的土地产权，企业拥有房屋的建造产权，其后，建造产权将进行两次转移，首先是建房完成后政府回购，房屋建造产权向政府转移；然后政府进行分房，建造产权向保障群体转移。

为达到对房产企业进行有效激励的目的，可以让房产企业拥有经适房的建造产权，建房完成后，房产企业仍拥有房屋建造产权，这意味着房产企业将承担向保障对象进行产权转移的责任，只有当这种转移完成后，房产企业才能实现利润，而这种产权转移过程可以变相的看作为市场选择过程，如同商品房市场一样，如果提供的保障性住房契合保障对象的需求，将吸引更多保障对象，产权转移完成的越快，资金回笼越快，利润实现就越快；反之，保障对象将用脚投票，房产企业无法实现产权转移，就无法获得利润。

当然，房产企业拥有房屋建造产权将意味着承担更大的风险，由于这是合作结果的一部分，在进行房产选择时，必然将这种剩余索取权的界定在招标文件及合同中予以明确，房产企业在作出合作决定的同时必然会考虑所需承担的风险，风险过大，会导致难以找到合适的房产企业进行合作，合理控制房产企业所承担这一风险成为政府必须要考虑的因素，应将房产企业所承担的这一风险控制在一定时间范围内。在商品房市场中，房产商交房后还需在 2 年的房屋质量保证期内担保房屋质量，笔者认为，将房产企业拥有房屋建造产权的时间设定在 2 年内是合理的，即以经济适用房建成交房时间为起始点，2 年后政府将回购尚未卖出的房屋。如此一来，房产企业不仅仅是作为房屋建造者角色出现，需要同时考虑保障对象的选择，因为这直接决定了其利润的实现，房产企业和保障对象之间的关系转化为类似于市场上的买卖双方关系，一方面，出于资金时间价值考虑，房产企业有动力合理压缩建房时间，以最短时间实现其利润；另一方面，出于吸引顾客目的，房产企业有动力提升房屋质量。

对于廉租房及经济租赁房等保障性住房形式，其保障方式决定了保障对象最终并不能拥有房屋产权，房屋产权的第二次转移表面上并未发生，但本质上，以低于市场价的租金向保障对象出租保障性住房，相当于在一定时间段内部分让渡保障性住房产权，可以采取如下方式：在2年时间范围内，由房产企业出租保障性住房，租金作为房产企业的报酬，2年后政府全部回购，房产企业退出。

2. *通过房产企业的效用需求进行激励*

房产企业的效用函数包括货币收入及声誉两个方面。

在政府与私有企业合作中，有效的激励可分为以下四类(柯永建等，2009)[107]：①政府投资赞助；②政府对融资的协助；③政府担保；④税费优惠政策。

考察我国保障性住房提供中政府对房产企业的激励现状，以上海为例，《上海市经济适用住房管理试行办法》规定经济适用住房建设项目，享受以下优惠政策：①建设用地的供应方式采取行政划拨；②免收建设中的行政事业性收费与政府性基金；③建设项目外的基础设施建设费用由政府负担；④按照规定不宜建设民防工程的，免收民防工程建设费；⑤按照规定申请经济适用住房开发贷款，取得行政划拨土地使用权的，可以用于贷款抵押；⑥按照规定享受税收优惠政策；⑦国家和本市规定的其他优惠政策。除此之外，按照中国人民银行、中国银行业监督管理委员会《关于印发〈经济适用住房开发贷款管理办法〉的通知》，其中对经济适用房开发的优惠政策主要体现为：①建设项目资本金(所有者权益)不低于项目总投资的30%；②经济适用住房开发贷款利率按中国人民银行利率政策执行，可适当下浮，但下浮比例不得超过10%。按照上述的四类有效激励措施进行归类，如表4.2所示。

表4.2　　保障性住房提供中的政府激励措施

激励方式	具体内容
政府投资赞助	建设用地的供应方式采取行政划拨。房产企业可免除拿地的土地出让金，土地出让金可视作双方合作中政府的投入，亦可看做是政府对房产商的投资。
政府对融资的协助	1. 建设项目资本金(所有者权益)不低于项目总投资的30%； 2. 经济适用住房开发贷款利率按中国人民银行利率政策执行，可适当下浮，但下浮比例不得超过10%； 3. 按照规定申请经济适用住房开发贷款，取得行政划拨土地使用权的，可以用于贷款抵押。
政府担保	按照目前现状，在开发合同中，明确经济适用房建成后，政府将全部回购。可将此项条款看作为政府担保。
税费优惠政策	1. 免收建设中的行政事业性收费与政府性基金； 2. 建设项目外的基础设施建设费用由政府负担； 3. 按照规定不宜建设民防工程的，免收民防工程建设费； 4. 按照规定享受税收优惠政策； 5. 国家和本市规定的其他优惠政策。

表 4.2 中的激励措施固然可以起到吸引民营资本参与保障性住房开发的作用，但从根本上看，这仅是政府出于保障性住房成本控制因素的考虑，一旦房产企业确定，此类激励措施对于调动房产企业内生的积极性和创造力并无太大作用，类似于赫兹伯格的双因素激励理论中的保健因素，而真正的激励因素仍在于房产企业的货币收入及声誉。

在货币收入方面，按照现行规定，保障性住房建成后，房产企业可以取得开发成本 3%的利润，这种激励措施又可称为“固定投资回报率保证”，大量研究证明，这类激励措施大大降低了私营投资者提高效率的积极性，降低了 PPP 融资模式的优势，属于不合理的激励措施，需要进行改进。而在声誉方面，并无相应的激励措施。

在具体的改进措施上，货币收入方面，应当从单纯的“固定投资回报率保证”转变为：“固定投资回报率保证”加“成本节省奖励”，所谓成本节省奖励，就是在项目竣工决算后，如实际成本低于招标时确定的预算成本，则拿出节省成本的一定比例对房产企业予以奖励。这样，可以破除现有激励模式下，房产企业最大化建房成本的动机。

声誉方面，可结合“房地产信用档案”机制及“房地产企业资质管理”机制予以激励。信用是市场经济的基础，只有良好的“诚信”环境，企业才能更加注重声誉管理。在房地产市场方面，为促进房地产市场健康发展，整顿和规范房地产市场秩序，建设部等七部委下发《关于整顿和规范房地产市场秩序的通知》（建住房[2002]123 号），通知要求各级房地产主管部门加大整治力度，依法查处违法，违规行为；建立网上公示制度，促进诚信制度的建立，充分利用网络信息手段，将各类房地产企业和中介服务机构及相关人员的基本情况，经营业绩，经营中违规、违法劣迹以及受到的处罚等记入企业和个人的信用档案，向社会公示，接受社会监督。房地产信用档案的建立，充分尊重了各级政府部门和社会公众的知情权，便于为各级政府部门和社会公众监督房地产企业市场行为提供依据，为社会公众查询房地产企业和个人信用信息提供服务，为社会公众投诉房地产领域违法违纪行为提供便利，是我国信息公开化的一个巨大进步，它宣传守信用、声誉好的房地产企业，曝光不守信、声誉差的房地产企业，为房地产企业声誉建设提供更好的社会经济环境，使企业的经营环境越来越净化，利于增加房地产企业的长远预期。

对于在保障性住房建设中综合表现优的房产企业，政府应将其表现列入“房地产信用档案”，并向社会公布，一方面，拥有好声誉的房产企业的产品可以更好地吸引顾客，好的声誉从而积累为品牌效应，可以为房产企业带来实质性的收益；另一方面，可将表现好的房产企业列入政府“值得信赖的合作伙伴”名单，在后续保障性住房项目招标中，同等条件下，优先考虑这部分房产企业。

对于表现差的房产企业，一方面，在“房地产信用档案”中记录其不良行为，同时向社会公布；另一方面，降低其房产开发资质，使其承受实质性的损失，并将其列入保障性住房开发黑名单，一定时期(2 至 3 年)内不允许其进行保障性住房项目的投标。

4.3 监督机制

保障性住房提供的监督可分为内部监督与外部监督两种。

4.3.1 内部监督

内部监督即为住房保障中心对房产企业的监督。

在激励模式改进的情况下，需要建立系统的监督机制以检测房产企业的绩效，从而促进合同的履行。一方面，为防止房产企业出于压低成本的考虑而偷工减料，严厉的监测很有必要，但过于严厉的监督可能会流于微观控制或管理，从而降低房产企业的积极性，提高监督成本。监督的目的在于在合理价位上获得良好的服务，而不是故意找茬；另一方面，过于松散的监督可能会导致服务质量的下降。所以，在两者之间应当保持适度平衡，需要控制好监督的环节和方式。

就上海保障性住房提供中的监督现状而言，存在以下问题：

1. 监督越位

具体体现在政府不履行合同约定，做自身不擅长做的事，胡乱干预房产企业行为。

就目前的房地产开发中政府监管的现状来看，我国可能是世界上对房产开发监督最严厉的国家，完成一个房产项目开发需要政府部门盖近 200 个公章，大到房屋质量，小到房屋防雷设施的安放，全部以政府行政许可手段予以监管，就政府的监管制度建设而言，已是十分完善。之所以仍会出现“楼倒倒”、“楼裂裂”等现象，不是由于制度不完善，而是在于执行上的不力，相对上海每年的建筑总量而言，这些现象仍是个案，并不具有代表性。因此，对保障性住房的建设过程，作为政府代表的住房保障中心不必予以过多的监管，只需敦促房产企业履行正常的建设程序即可。

但在保障性住房提供中，出于完成政治任务的考虑，地方政府往往热衷于大干快上，在选定房产企业后，就把合同扔在一边，一味催促房产企业加快进度，甚至在不满足条件的情况下，动用政府资源帮助房产企业办理各类许可证，或单纯出于进度考虑开辟大量绿色通道。这类做法，偏离了公私合作以合同管理为目标的宗旨，不仅不利于项目本身的质量，而且会使房产企业产生依赖心理，助长其本身固有的不规范开发的冲动，同时还会打压房产企业的积极性及创造性。如此做法，自然偏离了公私合作的本意。政府做自身不擅长做的事，比如亲力亲为进行工程质量控制，由于政府工作人员在这方面的经验和能力的不足，导致其并不能发现真正的问题，所做的仅是浪费公共资源的无用功。对于像工程质量与财务进度等专项监督，政府应当将其外包至更为专业的公司，而自己所需要做的，就是依据他们所提供的信息作出正确的决策。

2. 监督缺位

具体体现在该监督的没有监督好，比如对房产企业是否按照进度向施工单位付费的问题上，尽管表面上看，这是房产企业的个人行为，但假如在该环节出现了问题，将会影响建设进度，严重的甚至会引发社会矛盾，从而影响房产企业的履约。目前这点尚未列入政府监督的范围，这类问题产生后，矛盾将直接转嫁至政府部门，假如因此而停工，损失的仍是政府部门。政府部门急于救火，或迫于社会压力突破合同设定，或更换房产企业，无论何者，公共利益都将受到损失。

在保障性住房提供的公私合作机制中，政府监督的重点是房产企业的履约情况，具体应满足以下几个方面：

（1）是否取得了各类许可证；

（2）是否及时完整的报送建房报告；

（3）是否按照合同约定的进度建房；

（4）是否按照合同约定的质量建房；

（5）是否按照进度向二级承包商或供应商付费。

政府部门可根据上述监测结果决定是否需要对合同进行必要的修改，必要时，可中止合同乃至更换房产企业。

需要说明的是，监督工作本身未必需要住房保障中心来完成，也可以进行外包，在五项监督内容中，前两个应当由住房保障中心进行监督，(3)、(4)可以外包至监理公司，(5)可以外包至审计公司。外包的理由与政府和房产企业合作提供保障性住房是一致的，政府应当对自己有清晰的认识，在此基础上，做自己擅长做的，同时寻求市场的力量来弥补自己所不擅长的。

4.3.2 外部监督

各级政府受各级人大的委托对保障性住房项目进行监督管理，人大与政府之间形成了委托—代理关系，但存在委托—代理中的“政府失灵”问题。政府官员是“经济人”，存在机会主义倾向；在追求公共利益最大化时，也存在追求自身利益最大化，而政府官员拥有垄断的行政权力。正如英国阿克顿(2001)[108]指出:“历史并不是由道德上无辜的一双双手所编制的一张网,在所有使人类腐化堕落和道德败坏的因素中,权力是出现频率最多和最活跃的因素”,“权力导致腐败、绝对权力导致绝对腐败”。因此,外部监督机制的建立及其运行必须依靠法律做保证。对于政府权力的监督,法治国家权力制约、监督的三大思路是“以权力制约权力”、“以权利制约权力”和“以社会制约权力”。监督政府机制包括政府权力监督机制和政府权力制衡机制。形式上看,保障性住房提供的外部监督机制有政府权力监督机制、政府权力制衡机制及社会监督机制。

1. 政府权力监督机制

在保障性住房提供中,住房保障中心作为政府委托人,是项目的政府业主,具有选择房产企业的权力和投资决策权力,在项目实施过程中,各政府管理部门(投资、财政、建设、审计、稽查等)依法行使对项目资金、项目招标与合同管理、项目质量与安全等的监督管理权力,即政府及政府官员拥有垄断的行政权力,有可能引发政府官员的创租和寻租等腐败行为,因此,依据学者孟德斯鸠“权力制约权力”的思想,应建立政府权力监督机制。

我国《宪法》赋予了各级人大及其常委会有权对各级政府及其政府官员行使监督权,同时《预算法》、《审计法》等也赋予其监督权。在保障性住房提供的公私合作模式中,人大对政府部门监督的重点要点是:(1)对住房保障中心的监督。政府委托人具有项目的审批权、代建人的选择权、项目的投资决策权、重大工程变更权(涉及投资额增加决定权)等,人大应对上述环节进行监督;(2)对住房保障和房屋管理局的监督。房管局拥有资金控制权和管理权,人大应对其工程资金支付、工程竣工决算进行监督。

2. 政府权力制衡机制

政府权力制衡,是指行使权力的各个政府部门既能分工负责、互相配合,又能互相把关、互相制约,以保证权力按法律的规定运行。依据公共管理学中的分工制衡原理,对重要权力的行使应当适当分权或分工,从权力、责任、程序等方面构建一种分工制衡关系,使各种权力之间保持一种既互相配合又互相制衡的状态,是保证权力不被滥用的前提和根本途径。2004年《国务院关于投资体制改革的决定》规定了“完善政府投资制衡机制,投资主管部门、财政主管部门以及有关部门,要依据职能分工,对政府投资的管理进行相互监督”。在保障性住房提供中,建立健全制衡机制的要点是:保障性住房项目决策的制衡机制;房产企业选择的制衡机制;资金管理的制衡机制;项目实施中投资增加管理的制衡机制;项目竣工决算管理的制衡机制等。

3. 社会监督机制

社会监督是指公众、社会团体、社会舆论等对政府及其官员权力行使的监督。美国的托克维尔(1988)[109]指出,“以社会制约权力”,“一个由各种独立的、自主的社团组成的多元的社会,可以对国家权力构成一种社会的制约”。在政府投资项目建设管理中,国家提出了“建立政府投资项目的社会监督机制,鼓励公众和新闻媒体对政府投资项目进行监督”,关键是如何才能保证社会监督机制的正常发挥。建立健全社会监督机制应包括:建立代建项目的信息公示制度。政府部门有责任与义务将保障性住房项目的信息对社会公开,利用新闻媒体、电子政府等,建立信息公开制度,建立保障性住房项目立项的听证制度,保障性住房建设涉及土地的使用,且建设资金额度巨大,为重大项目,应建立代建项目决策阶段的听证制度,而听证是公众直接监督的一种有效形式;健全保障性住房项目的公众质疑和投诉制度;健全新闻媒体的监督制度等。

4.4 风险分担机制

理论上,公私合作机制下风险分担的概念简单明了。政府自身无需承担与资产相关的风险(包括设计、建造、运营以及可能存在的残值风险),且从假如房产企业交付的服务没有达到规定的标准政府便不支付费用的意义上说,政府成为风险产品(服务)购买者。也就是说,政府部门购买的是有质量保证的服务,如果服务不能在既定的时间提供或服务质量不能令人满意,那么支付的费用会减少,或者得到补偿。但实际上,公私合作的风险分担更为复杂,它的原则并不是把所有风险转移给私营部门,而是由最适合管理,并能使公共部门提供的任何费用发挥出最佳使用价值的一方来承担,最适合管理特定风险的部门应该能以最低价格进行管理并发挥出资金最佳使用价值。将不合适的风险转移给私营实体在公私合作模式下只能增加不必要的成本,因为私营部门并不能以低成本管理这些风险[102]。同样,政府承担超出自己能力范围的风险一样会影响项目提供效率。

因此,保障性住房合作提供模式下的政府与房产企业关系,并不同于传统的产品供应商买卖关系,在这种模式下,政府与合作的房产企业共同分担风险,共同协作以实现项目目标。对合作过程中产生的风险进行分析并判断应由哪方承担显得尤为重要。

4.4.1 风险类型

保障性住房的提供一般存在如下风险:

1. 自然与技术风险

表现为项目选址不当，自然地质条件差，设计方案重大变更使投资超支。项目实施中为了节约投资，项目设计标准低，质量低下，配套不全，不能满足保障对象的住房需求。技术措施选择不当导致建设期拖延，技术风险要求合作的房产企业重视技术标准选择，重视工程质量及设施的养护与维修。它与保障性住房项目设计质量、公众对住房的质量要求、产品的寿命等因素相关，因而项目建设质量、项目的技术寿命是决策者进行技术决策与降低技术风险的依据。

2. 项目营运风险

表现为社会环境变化、社会需求变化。比如，住房市场的改变使保障性住房的需求低于预计数量，项目面临城市经济发展水平的风险；城市内同类地段保障性住房的新规划加剧保障性住房小区之间的竞争带来营运风险，保障对象支付能力与意愿可能低于预期使市场需求低于预期的风险；由于政府调整收费标准带来的房产企业收益风险，项目公司没有进行严格的成本控制使项目亏损的风险。

3. 管理制度方面的风险

包括财务管理制度，项目投资或运行成本的考核核算制度，质量与安全监管制度和法规的缺陷；质量与安全保险制度不完善的风险。

4. 协作风险

包括公私双方的管理制度冲突，价格协商冲突，收益分配冲突，土地或空间资源使用冲突，组织内部关系不明晰的风险，责任方没有经验或能力控制的风险；政府公共部门审批延误，公共项目管理制度环境的缺陷，公共政策不完善导致的公私合作出现矛盾等协作风险。

5. 合作方的信誉风险

房产公司方面，有些项目采取无追索权的融资，房产公司融资能力不强，房产公司资金供应能力差；政府方面，优惠政策兑现风险，资源与制度（相关税费减免等）支持政策风险，与保障性住房项目相关的配套设施建设不到位而影响合作项目收益的风险；监理单位的选择方面，包括施工监理与财务监理，二者的能力显示将在很大程度上决定政府对房产企业项目运作的监督效果，同时还需防范他们与房产企业合谋的风险。

6. 政策风险

政策风险是项目在实施过程中由于政府政策变化而导致项目盈利能力发生变化。政府政策的科学性、连续性、公开性、透明性决定政策风险的大小。若政府政策可变性大、管理制度不健全，则风险越大，此时房产公司在做投资决策时，确定财务折现率则考虑高的投资回报，或要求在公共服务定价上较大的决策权限。由于政府政策的不确定性，法规变化，监管制度不完善等风险存在，要求多方支持，监督机构及早参与，保持政策法规的持续性以降低政策风险。

如表 4.3 所示,可将上述保障性住房提供的风险划分为系统风险与非系统风险两类,非系统风险可以通过在项目具体运作过程中控制权的设置来进行优化配置,以提高提供的提供效率;系统风险则不能仅通过项目的具体运作来进行控制。因此本书主要分析非系统风险的分担机制。

表 4.3　　保障性住房提供的风险类型

系统风险(不能通过项目采取措施)	政治风险	政局稳定性、政府收购、政府干预项目
	经济风险	汇率与利率的变化、经济环境改变、通货膨胀等
	法规风险	相关法规与合约制度不完善、经济政策变化、法规变化
	不可抗力	自然灾害、战争等
	社会风险	社会风气、文化与信仰、社会治安
非系统风险(可以通过项目采取措施)	项目选择	项目选址的适应性、社会公众的反对、环保与安全等
	方案选择	所选规划设计方案能否满足保障对象的需求
	参与方选择	房产企业、监理单位、材料供应商的选择
	融资风险	资金供应、项目失败后债务无追索权
	建设风险	审批延误、项目进度与质量、费用超支
	运营风险	市场需求、成本超支等
	协作风险	合作决策、利益分配、风险分配、资源分配等

4.4.2　风险特点

保障性住房提供的风险特点如下:

1. 层次性。政府部门、房产企业所处的层次不同,它们对保障性住房项目的需求也不同。由于各方所处的角度不同,利益不同,对保障性住房项目的关注程度不同,承担风险层次和范围也不同。应根据各自所有的利益、应有的责任、拥有的信息和应对能力来分析管理风险。

2. 多元性。除包括一般项目的技术、经济和政治风险外,还有特有的协作风险和共同风险。保障性住房项目的合作投资,利益共享,风险共担,要求政府与房产企业要加强协作,因此产生了对协作风险的管理。由于双方均不可控制的风险如法规变化、社会风险等,不但影响私人公司利益,而且影响公共利益,对双方都会带来利益损失,则属于共同风险,需要共同应对。

3. 边界的模糊性。由于环境的不确定性,加之当前缺乏以保障性住房提供三方合作模式进行项目管理的经验，对公私双方风险责任边界划分比较困难，使风险责任的界定比较困难。因此在公私合作过程中一部分风险各自独立承担，另一部分边界比较模糊的风险则作为共同风险需要共同承担。

4. 风险管理主体的可变性。保障性住房项目的实施周期较长(2—3 年)，风险因实施项目的技术、经济、环境影响而变化，政治、经济风险会变化，项目风险有其动态性，有关参与主体利益可能发生重大变化，因此参与主体也可能会随着时间和条件发生变化。这样加大了保障性住房项目风险分担与管理的难度，需要动态分担与管理风险。

针对保障性住房提供的风险特点，为了保证保障性住房项目的顺利实施，对外部环境而言，需要有健全的市场机制，规范的法规制定与执行程序，以及政府出台政策的延续性和稳定性；对内则要求合作的房产企业具备一定的资金实力、管理经验以及与政府部门打交道的能力。

4.4.3 风险分担原则

在公私合作中，风险分担的一个重要原则就是让每一种风险都能够由最善于应对该风险的合作方承担，这样整个项目的风险就降低了[44]。公私合作项目本质上是公共部门与合作的私人部门之间一系列合约安排与风险分摊。为取得项目效率最大化，应对各方能力进行清晰的辨别，让最有能力承担风险的一方去承担相应的风险。基于以上的认识，保障性住房提供的风险分担原则有以下几个方面：

1. 按风险承担能力进行分配。即谁最有能力控制风险或处于风险控制的有利地位，就承担该类风险的主要部分。公私双方各有其能力和优势，但在建设、运营过程中承担风险的能力不同，为了使合作成功，合作组织关系稳定，公私双方承担公共项目建设与运营的风险不应超过其承受能力。对政策调价等政策风险损失由政府承担，政府能以较低的成本来管理政策风险；政府部门承担政策法规变化风险能力较强，而私人公司承担项目成本超支风险的能力较强。

2. 按控制风险的能力分担风险。公私双方对风险控制的能力不同，由对风险控制能力大的一方承担建设经营环节风险有利于其控制该风险，风险损失最小。选择处理某种风险最经济的一方承担风险，由其处理风险公私双方共同的收益最大。私人公司控制质量、进度风险不但可以促进技术革新，降低成本增加收益，同时也增加了公私双方的收益，而政府部门对项目选址风险的控制能力较强。

3. 发生损失最大一方承担该项风险。在保障性住房项目的建造过程中，公私双方在不同阶段创造不同的价值，由于信息不对称和道德风险的存在，将风险完全由某一方承担，会削弱风险的约束效应和激励效应，降低其控制和规避风险的积极性，由某环节或某因素造成风险损失量最大一方承担该类风险更加合理。如由营运收入风险带来的损失主要由房产企业承担,营运风险应当由房产企业承担,公共安全风险对政府部门影响大,应当由政府部门承担,当然不是政府部门直接负责公共安全工作,而是对房产企业影响公共安全的行为有最终监督控制和决策权,必要时可中止合作合约,这样有利于政府部门主动积极控制,以规避和减少风险,使合作项目整体风险最小。

4.4.4 风险分担方式

保障性住房项目的提供过程可分为 3 个阶段:准备阶段、建设阶段、交付阶段。3 个阶段又可划分为 20 个环节,各环节存在不同类型的风险,按照风险分担原则,政府和企业风险分担方式如表 4.4 所示。

表 4.4 保障性住房提供的风险分担方式

序号	阶段	环节	风险类型	风险承担方
1	准备阶段	项目立项	经济风险、自然与技术风险	政府
2		项目选址	经济风险、管理与制度风险	政府
3		房产企业的选择	合作方信誉风险	政府
4		监理单位选择	合作方信誉风险	政府
5		土地划拨	自然与技术风险、项目运营风险	政府
6		规划方案	项目营运风险、协作风险	政府、房产企业
7	建设阶段	相关证照的办理	项目营运风险、管理与制度风险	房产企业
8		筹融资	项目营运风险	房产企业
9		设计单位选择	项目营运风险、合作方信誉风险	房产企业
10		施工单位选择	项目营运风险、合作方信誉风险	房产企业
11		材料选购	项目营运风险、合作方信誉风险	房产企业
12		施工方案	项目营运风险	房产企业
13		进度控制	项目营运风险	房产企业
14		质量控制	项目营运风险	房产企业
15		设计变更	项目营运风险	房产企业
16		工程款支付	项目营运风险	房产企业
17		工程签证	项目营运风险	房产企业
18		工程决算	项目营运风险	房产企业
19	交付阶段	竣工交付	项目营运风险	政府、房产企业
20		合同约定履行	协作风险	政府、房产企业

保障性住房提供的20个环节并非完全按照时间序列进行排列，如设计单位选择应在规划方案之前，为了与三个阶段相对应，将其放入项目运行阶段，在具体的项目实施过程中，规划方案的设计处于不断的修正、完善之中，贯穿于整个准备阶段，与该阶段的其他各环节可以同步进行。20个环节均会存在不同的风险，而这些风险均可以通过项目运作进行控制，20个环节对应的均为非系统风险。按照保障性住房提供的风险特点，依据风险分担原则，通过对各环节风险识别因素的判定，各环节的风险分担方式表述如下：

1. 准备阶段

项目准备阶段存在项目立项、选址、房产企业与监理单位的选择、土地划拨及规划方案确定等六个环节。

在项目立项及选址环节，保障性住房项目作为一项公共物品，有其固定的直接受益群体，但由于其外部性的存在，会对直接受益群体之外的群体产生一定的负面影响，或为心理上的或为实质性的，比如上海某地区是上海市近年来崛起的热点居住区域，该地区一直以高品质住宅小区、优良环境配套闻名，2008年区政府决定在该区域建造10万平方米经济适用房小区，方案公示后，引致该地区住户强烈反对，上访不断，认为在他们的居住区附近建造经济适用房小区会导致居住环境恶化，降低该区域居住品质，致使该区域整体房价下跌，从而使他们的利益受到损失。通过上面的例子可以看出，保障性住房立项、选址环节的初步选择可能会遇到周边住户反对，从而增加政府的协调成本，严重的甚至会导致政府不得不放弃原有立项，另寻他处。另一方面，保障性住房的立项及选址不当，对保障对象的需求不了解，选址在位置偏远、配套不足、生活不便的区域，会导致保障对象“用脚投票”，政府投入大量财力提供的公共物品最终无人问津，造成巨大浪费。综合两方面因素，可以看出，立项及选址阶段存在巨大的项目选择风险。立项环节完全是政府部门的决策过程，上海市的一般做法是，市(区)住房保障中心委托相关咨询部门对项目进行可行性进行研究，以市(区)住房保障中心名义进行立项，报市(区)发改委审批。立项及选址环节的风险承担者应为政府部门。

房产企业的选择环节，保障性住房的三方合作模式中，合作方的选择是政府需要首先考虑的问题，房产企业的资金实力、开发经验、人力及技术资本是政府方的必要补充，选择的好与坏直接影响提供的效率，显然存在合作方选择的风险，做出此项选择的主体是政府，房产公司是被选择对象，显然政府是此环节的风险承担者。

监理单位的选择包括施工监理与财务监理，二者的能力显示将在很大程度上决定政府对房产企业项目运作的监督效果，同时还需防范他们与房产企业合谋的风险，因此，在进行监理单位选择时，存在信誉风险，政府作出选择，风险应由政府承担。

在土地划拨环节，按照住建部相关规定，保障性住房的土地取得方式为“划拨”，意味着土地取得环节不再存在竞争，只要政府选择了一家房产企业作为合作对象，那么土地便无偿划拨至该企业名下，但对政府而言，土地一旦划拨出去，意味着政府的土地成本已经发生，土地选取与项目立项是紧密联系在一起的，与立项环节一样存在项目选择的风险，风险承担者为政府部门。

在规划方案环节，与商品住房一样，必须对受众的需求有充分的了解，在此基础上才能确定保障性住房小区的各项规划指标。此环节存在规划方案不能满足保障对象需求从而导致他们“用脚投票”的风险，风险应由政府和房产企业一起承担，原因在于：一方面，风险出现，政府部门投入的土地、资金、人力等公共资源将大量损失；另一方面，正如在激励机制中所论述的，按照产权一致性原则，保障性住房建成后，应让合作的房产企业拥有保障性住房的部分产权，风险出现将导致房产企业无法实现既定利润。

2. 运行阶段

项目运行阶段包括表 4.4 所示的 12 个环节，长久以来，政府对项目运行阶段的风险管理存在认识误区，政府通常认为应该控制他们认为最重要的风险，而不去管自身是否有能力控制这些风险。出于按时完成上级布置的政治任务角度考虑，政府往往最热衷于抓保障性住房建设进度；出于最大程度规避政治风险角度考虑，政府又对保障性住房建设质量特别关注，尤其是 2009 年 6 月上海莲花河畔景苑倒楼事件发生后，政府对住宅小区建造质量更加关注，对政府作为提供主体的保障性住房建造质量更是有过之而无不及。于是，政府对保障性住房提供中项目运行阶段的质量和进度进行直接控制的现象尤为普遍，诚然保障性住房的质量和进度的确重要，但相对建房经验丰富的房产企业而言，对建设质量和进度的控制并非政府的强项，政府所要做的应当是把他们认为重要的控制要素在合同中进行明确，然后将大部分的注意力集中到合同管理上即可。事实上，对这些运行阶段所可能产生的风险的控制，房产公司相对政府而言更有经验，而且因房产公司拥有保障性住房的产权，项目运行的好坏与房产公司的利润密切相关，房产公司有动力控制好此阶段的各种风险。因此项目运行阶段的风险承担者应为房产公司。

3. 交付阶段

在竣工交付环节，如激励机制中所述，为有效激励房产企业，对于类似经济适用房等可以进行产权转移的保障性住房，应使房产企业拥有 2 年房屋建造产权，2 年后仍未售出的经适房，再由政府统一回购。因此，对于经适房，其交付风险应由政府和房产企业共同承担；对于廉租房等不能进行产权转移的保障性住房，因房屋竣工后政府即全部回购，其交付风险自然由政府部门承担。

在分配方式确定环节，政府与房产企业将兑现合同约定的承诺。公私双方的管理制度冲突、价格协商冲突、收益分配冲突等在此环节显现，存在应由公私双方共同承担的协作风险。

通过上述的风险分担机制,政府部门将自己所不擅长管理的各类风险通过公私合作模式转移至各合作伙伴,从而使工作中心转移至自己所擅长的合同管理。保障性住房提供的公私合作机制本质上可以视作为政府部门将提供风险由公方向私方进行转移的机制,通过风险分担机制,政府部门将自己不善于承担的营运风险有效转移至房产企业,将财务风险转移至财务监理,将质量风险转移至质量监理,从而形成图 4.2 所示的保障性住房提供的风险转移机制。

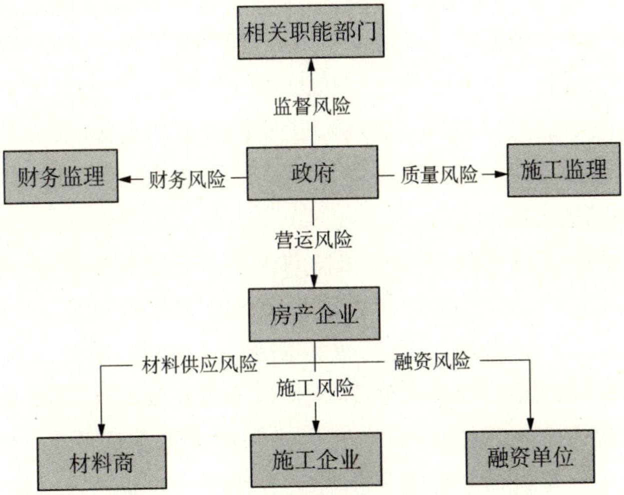

图 4.2　保障性住房提供风险转移机制图

4.5　决策权配置机制

相关研究表明,影响公私合作机制效率的关键是决策权配置。David Martimort 和 Jerome Pouyet(2006)[110]通过大量的实证研究证明:在不完备契约情况下,决策权配置是影响公私合作效率的关键因素。决策权的配置对企业组织的效率产生着重要影响。国内学者张咭等(2009)[73]通过构建决策权配置对合作效率影响的数学模型,证明了在医疗卫生领域,决策权配置构造对公私合作效率的影响。国内学者李善波(2009)[111]通过实证研究表明，政府投资项目决策权配置具有独特的构造，对决策主体行为和项目的绩效产生重要影响。决策权与知识和责任不匹配，是导致政府投资项目效益低下的关键因素。

4.5.1 决策权配置构造的概念

权力是指一个人做出决定不需要更高管理层的批准，并能得到其他人服从。这种权力也就是组织中的决策权。决策权配置是指在组织的不同位置或组织任务的不同环节赋予不同的人以相应的决策权力[111]。简言之，决策权配置就是确定谁拥有相应的决策权。一系列的决策权配置就形成组织的决策权配置构造。对于保障性住房的建设来说，各阶段不同环节的决策均会影响保障性住房的提供效率，相应的决策主体有政府管理主体（政府部门）、项目执行主体（房产开发商），以及其他市场主体，如设计院、监理单位等。保障性住房建设项目决策权配置是指在项目实施过程的不同环节赋予不同的主体（组织或个人）以相应的决策权力。

决策权配置包括决策权在纵向层级和横向组织单元之间的分配。纵向分配和横向分配分别反映了决策权沿组织结构的垂直轴和水平轴进行的分配[112]。在以科层等级制为特征的组织结构中，决策权配置主要涉及纵向的分权问题，反映决策权在不同层级之间的分布，也就是说，反映某项决策的决策点应该设置在哪一个层级或哪几个层级。不同工作有不同的决策内容，不同的决策内容由不同的决策主体承担，不同的决策主体具有不同的决策权限。决策权横向分配是指决策权在同一层级的个体之间或组织单元之间的分配[113]。保障性住房的提供过程是一种由多个主体参与、许多环节组成的复杂过程，其参与各方可视为一个具有多层级（纵向层级）结构的复合组织，每一个层级分别被赋予不同的决策权力。

4.5.2 决策权配置原则

决策过程中，人是最关键的因素，也就是说决策主体是最重要的。理想情况下决策主体的决策权配置应该满足以下两个条件[111]：

1. 决策权与风险的匹配

决策主体必须对决策活动产生的后果承担相应的责任或风险。一个不承担任何决策风险的主体（组织或个人）不应该成为决策者。在法律中，公民的权利和义务应是对等的。同样，作为决策主体也应该如此，即决策权利的大小必须与其承担风险的大小相匹配。可以想象如果一个决策主体对决策结果不承担风险或者不享受权利，那么其决策行为就不可能是负责任的，有时甚至会是盲目和轻率的。

2. 决策权与知识、能力的匹配

决策主体必须拥有进行决策所应具备的知识、信息和能力。哈耶克(Hayek, 1980)[114]首先提出了经济效率取决于决策权威和对决策起支撑作用的知识之间的匹配关系。因为组织绩效取决于一系列决策的质量,而决策的质量取决于知识和权力的相互匹配。在组织中二者的匹配方式有两种:一是将知识传递给有决策权的人;二是把决策权传递给拥有相关知识的人。这两种传递都必须付出成本,一方面在将知识传递给具有决策权的人的过程中,面临着由知识传递导致的信息成本;另一方面,将决策权分配给组织中拥有较多相关专门知识的代理人时,面临着由委托—代理关系所产生的代理成本。多级管理层之间的决策权委派形成了一条委托—代理链。委托—代理链越长,代理成本就越大。哈耶克将知识分为科学知识和与特定地点、特定时间相关联的知识两种,并认为决策者根本不会获得有关特定地点与特定时间的知识。据此,保证决策正确的唯一方法是进行决策权的分解,采用分权的方式,由各个生产组织单独决策。但因此将会产生代理成本。

为保证提供效率,保障性住房项目的决策主体必须与风险承担主体相对应,这也同时保证了决策主体有动力了解项目情况,同时最善于了解情况,并且获取必要信息的代价最小。在保障性住房项目运行的不同阶段,要决策的事项是不同的,依据上述原则进行决策权配置才能够保证保障性住房的提供效率。

4.5.3 决策权配置方式

在保障性住房提供的3个阶段20个环节中,根据各环节的决策内容,能够配置决策权的各主体分别是:①政府部门。包括住房保障中心和政府职能部门。住房保障中心是为推进保障性住房建设而成立的事业单位,隶属于房管局,代表政府具体负责保障性住房提供工作;政府职能部门由与保障性住房建设有关的政府部门组成,包括房管局、发改委、财政局、规土局、环保局、建交委、交警等,具体负责相关职责范围内的行政许可、行政审批、行政处罚工作,一方面规范保障性住房建设行为,另一方面起到政府间的权力制衡作用;②合作者之一——房产企业;③合作者之一——保障对象,本章只将其作为政府的合作者之一放至在决策权配置构造中,具体的决策权配置在第5章进行描述;④其他市场主体。包括施工单位以及设计院、监理公司、咨询机构等其他市场主体。

按照参与决策的程度,将决策权划分为:Ⓐ单独决策权(即可以个人作出决定的权利);Ⓑ共同决策权(即与其他人共同决策的权利);Ⓒ审查权;Ⓓ协商权(即对决策内容进行协商);Ⓔ建议权。

按照决策权配置原则，合理的保障性住房提供公私合作机制中的决策权配置构造如表 4.5 所示。

表 4.5　　保障性住房提供的决策权配置构造

序号	决策阶段	决策内容	政府部门		合作者 1	合作者 2	其他市场主体				权力部门
			住房保障中心	职能部门	房产企业	保障对象	施工单位	设计院	监理单位	咨询单位	各级人大
1	准备阶段	项目立项	B	B						E	C
2		项目选址	B	B						E	C
3		房产企业的选择	A	C							
4		监理单位选择	A	C							
5		土地划拨		A							
6		规划方案	B	C	B			E			
7	运行阶段	相关证照办理	C	C	A						
8		筹融资	C	C	A						
9		设计单位选择	C		A						
10		施工单位选择	C		A			C	C		
11		材料选购	C	C	A				B		
12		施工方案	C		A		B		B		
13		进度控制	C		A		D		B		
14		质量控制	C		A		D		B		
15		设计变更	C		A		D	B	C		
16		工程款支付	C		A		D	C	C		
17		工程签证	C		A		D	E	B		
18		工程决算	C		A				B	E	
19	交付阶段	竣工交付	A	C	B						
20		合同约定的履行	A	C	B						

注：A：单独决策权；B：共同决策权；C：审查权；D：协商权；E：建议权。

表 4.5 所示的决策权配置机制与风险分担机制相对应，同时综合考虑了参与各方的能力因素，在现有的条件下，可以有效提高公私合作提供保障性住房的效率。

1. 项目准备阶段

在立项环节，住房保障中心委托咨询部门做项目建议书报发改委，发改委征询规划、土地、建设、环保等各职能部门意见，最终报市政府（区政府）做出决策，过程体现出集体决策的特征。因此，住房保障中心和政府职能部门具有共同决策权；项目选址的确定紧随项目立项环节之后，决策过程与立项决策类似；房产企业由住房保障中心以招投标方式通过市场进行选择，选定后住房保障中心将以合同形式固化与房产企业的合作关系。因此，这一环节住房保障中心拥有单独决策权，但相关职能部门可以就招投标程序的公正性进行审查。监理单位的选择与之相类似；一旦前期程序到位，规土管理部门将进行土地划拨；规划方案将对保障性住房的分配起到关键作用，如前所述，合理的激励机制应当让房产企业拥有一定的保障性住房产权，这样同时让房产企业承担了保障性住房分配的风险，根据风险对称的决策权配置原则，住房保障中心与房产企业在规划方案确定阶段拥有共同决策权。

2. 项目运行阶段

公私合作的基础就在于双方优势互补，政府不具备项目管理的能力与知识，而这恰恰是房产企业的强项，根据决策权与知识、能力匹配的原则，在项目运行阶段，房产企业拥有单独决策权，政府部门拥有审查权，与此同时，工程、财务监理单位作为政府公共服务外包对象，在各自的职责范围内享有共同决策权，以对房产企业权力起到有效制衡。

3. 项目交付阶段

住房保障中心将对房产企业合同约定完成情况进行检验，同时履行合同约定中对房产企业的承诺，因此在此阶段拥有单独决策权。同时，作为政府的合作伙伴，房产企业拥有共同决策权。

05

第 5 章　基于保障性住房提供效果的保障对象参与机制

5.1　保障对象参与边界分析
5.2　基于 Vroom-Yetton 模型的保障对象参与模型
5.3　基于提供效果的保障对象参与机制
5.4　保障对象参与机制和公私合作机制的有机结合

本章首先对保障性住房提供中保障对象参与的必要性进行了论述，在分析保障对象参与现实情境的基础上，通过对 Vroom-Yetton 公众参与模型的修正，获得基于 Vroom-Yetton 模型的保障对象参与模型，应用模型得到保障对象有效参与的环节及方式，进而得到保障对象参与机制的四个子机制：偏好显示机制、选择和评估机制、监督控制机制、评估反馈机制。通过子机制的合理设置，构建保障对象参与机制，从而解决保障性住房提供的低效果问题。

5.1 保障对象参与边界分析

5.1.1 保障对象参与的必要性

对保障性住房的提供而言，政府所提供的实质上是一种住房保障服务，保障性住房本身只不过是这种服务的载体，可以用面积来进行衡量。当下的问题是，政府往往把住房本身作为提供的最终目标，无论是内部的建房计划还是对外的宣传口径，所用的衡量指标只有一个，那就是面积，公众所能看到的也往往只是仅带有面积表述的住房保障目标。而事实上，对保障对象而言，保障性住房为他们带来的绝不仅仅只是居住面积的增加，而是为他们提供了一种生活方式，保障性住房决定着保障对象的就医、教育、交通、购物等日常生活的方方面面，进而一定程度上决定了保障对象的生活成本。笔者认为，保障性住房所承载的，是保障对象一定程度上的生活舒适程度，很多学者认为保障对象本就不应该拥有“舒适”的生活，尤其是这种“舒适”直观上并不是通过他们自身能力得到的，而是政府通过转移支付的形式为他们提供的。著名经济学家茅于轼曾提出保障性住房不应设独立的卫生间，本意是考虑到保障对象的流动性，不设独立卫生间可以促使有能力退出保障范围的对象尽早退出。但问题是，在当前的保障性住房提供情景中，保障对象并非没有选择的权利，他们会选择没有独立卫生的保障性住房吗？假如不选择，那就会造成社会资源的浪费。由此可以看出，争论的关键在于适度的“舒适”对保障对象而言是否必要。

极端情况下，假如居住面积是唯一的衡量标准，从节省成本的角度看，政府大可以把保障性住房建在位置偏远的郊区，忽略安全、卫生、医院、学校和交通，这样的保障性住房小区无疑会与外界隔绝，变成城市的孤岛。假如是这样，即便是低收入群体，谁会愿意住在这样的房子里呢？保障性住房建成后假如无人问津，岂不是更大的资源浪费。从这个角度来看，为保障对象提供适度“舒适”的生活方式应该成为政府住房保障的目标，因为，这种“舒适”直接决定着保障对象的满意度，而保障对象满意度决定着保障性住房提供的效果，最终成为决定政府公共服务提供绩效的一个关键因素。

单纯以住房面积的增加为标准来衡量保障性住房提供的绩效，地方政府就存在忽略保障对象生活舒适程度的动力，而仅仅只会完成上级布置的“面积”任务。原因在于：一方面，公共选择理论认为，政府符合“经济人”的假设，会设法实现经济利益最大化。保障性住房建设用地为政府无偿划拨，一块地如规划用作保障性住房建设，那么显然政府不能从中得到任何土地收益，而这种收益往往是目前地方政府最重要的财力来源；另一方面，政府显然是“政治动物”，会尽力实现政治利益最大化。随着中央对住房保障的重视，保障性住房建设已成为地方政府政绩的考核指标之一，问题是这种考核的标准只有一个一住房面积，而同时，尽管政绩考核“唯 GDP 论”招来多方质疑已久，对破除“唯 GDP 论”也进行了各种努力和尝试，但不可否认的是，GDP 仍是当前政绩考核的最重要指标，2009 年的“保 8”即是一例，在目前的经济增长结构下，商品房对 GDP 的拉动是最直接、最有效的，短时期内，可以大幅拉动 GDP 上涨。据估算①，2009 年全国新房和二手房的成交额突破 6 万亿元，相当于同期 GDP 的五分之一强；房地产开发投资额预计达 3.6 万亿元；占固定资产投资的比重接近 19%，在增量固定资产投资中，房地产贡献逾三成。在如此巨大的经济利益及政治利益的驱动下，地方政府会真正有动力让利于民吗？在“地王”频出的今天，让政府拿出适当位置的地块用于保障性住房建设，无异于自剜其目。

现实情境中，地方政府在保障性住房提供中出现两种倾向，一种是忽视保障性住房提供效果，单纯完成面积任务了事，这是目前大多数地方政府的普遍做法，也是造成保障性住房效果不足的主要原因；另一种则是上演“政治秀”，把保障性住房用地选择在黄金地段。比如在上海某地区规划建造 10 万平方米的保障性住房小区，该地区是近几年来上海新兴起的高档住宅区，2009 年底，曾拍出上海第一幅单价超过 3 万元/平方米的住宅土地。但事实是，适合高收入群体居住的地区往往并不适合低收入群体居住，支配资源能力的大小让他们对生活的要求存在很大差异，高收入群体出入有车、生活有仆，对基本生活便利程度的需要并不高，某种意义上讲，他们已一定程度上脱离了对基本生活要素

① 数据来源：引自：政府出手“挤泡沫”2010 楼市有望走向供求平衡[EB/OL]. http://news.xinhuanet.com/house/2009-12/29/content_12720233.htm，2009

的追求，更关心的是生活品质，如高品质的环境、高档的配套服务设施。那些为高收入群体而建造的分布在该区域的高档购物、教育、医疗、休闲配套服务设施，与保障对象的消费能力并不相符，该区域能够给保障对象的仅仅是虚幻的优质生活环境，而他们需要的是廉价的菜市场，普及的义务教育，能够使用医保的公立医院以及廉价而便捷的交通，而这些，这个新兴起的地产新贵并不能给他们。这从另一个侧面证明了地方政府对保障对象满意度并不关心，在当前保障性住房提供模式下，他们关心的仅仅是自身利益与政绩。

笔者认为，这些问题产生的根源在于导致保障性住房提供结果的博弈参与方的缺失。就目前状况而言，保障性住房建设基本是政府的单方面行为，从要不要建，到建多少、在哪里建、怎么建，统统都是政府一家说了算，其中完成政治任务的成分大于其真正为公众的考虑，政府固然可以编制形式各样的住房保障规划，但规划的执行结果却不得而知，因为这类规划既没有法律的约束，又不会受到政府权力系统之外任何实质性的监督，更像是为安抚民心而开出的空头支票，结果可想而知。对地方政府而言，建造保障性住房直接动力来自上级政府的政绩考核，他们仅把保障性住房建设作为一项政治任务来完成，或低标准完成面积任务，能应付上级考核即可，或上演政治秀以博眼球，这些做法均反映出保障对象满意不满意并不是他们关心的问题。

那么如何解决这些问题呢？单纯进行转变政府理念、执政为民等空洞的口号呼喊并无太大意义，结合现状看，政府管理体制改革并非一朝一夕所能完成，改革的目标之一——对权力系统的制衡当然短时期内不可能达到，但具体到保障性住房提供这一具体事件当中，增加博弈方，从而对地方政府的行为进行约束，最终达到提高保障性住房提供效果的目标，仍可以找到突破口，进行有意义的尝试。笔者认为这一突破口即在于保障对象的参与。

5.1.2 保障对象参与的外部环境

谢莉·安斯汀(Sherry Arnstein)1969 年通过对公众参与实践的分析调查，发表了《市民参与的阶梯》[82]一文，根据市民参与的程度，提出了公众参与阶梯的概念，将公众参与分为八级，三个层次，其中三个层次也可以理解为公众完全被动的阶段、受约束的尝试阶段和受引导的互助合作阶段，反映了公众在参与中的地位和作用的高低。按照谢莉·安斯汀在阶梯参与理论中对公众参与层次的划分，我国在城市公共产品供给决策中的公众参与程度尚处在“非参与”层次或“象征性参与”的较低层次。具体表现为：①“操纵”(Manipulation)。邀请活跃的公众代言人担任无实权的顾问，或把自己人安排到公众代表的团体中，以操纵公众的参与；②“治疗”(Therapy)。不求改善导致公众不满的各种社会与经济因素，而要求改变公众对政府的反应；③“告知”(Information)。向公众报告既成事实;④“咨询”(Consul2tation)。调查民意,聆听公众意见,但很少采纳;⑤“安抚”(Placation)。设置公众委员会,但只有参议的权利,没有决策的权利。而西方一些发达国家,已经较早地进入了“象征性参与”的较高层次,甚至有些已经达到“实质性参与”阶段。具体表现为:①“伙伴”(Partnership)。公众与政府分享权力和职责;②“代理权”(Delegated Power)。公众可代政府行使一部分批准权;③“公众控制”(Citizen Control)。公众直接管理和决策。

在我国,城市保障性住房提供决策中的公众参与尚处于起步阶段,决策者的认识还停留在“我制定,你执行”的阶段,缺乏普及和宣传,公众对自身的权益缺乏认识,因此影响了参与的热情,公众参与缺乏真正的决策权和相应的制度和法律保障。另外,我国的公众参与程度还明显因各地的经济发展水平而异,在经济较发达的地区,公众参与程度较高,而在一些比较落后及边远偏僻地区,公众参与的程度很低。在保障性住房提供决策中,政府对公众参与的内容、程序、公众在公共产品供给决策中的权利等都没有明确的规定,这样必然导致保障性住房提供中公众参与严重缺失的现象的产生。这种缺失造成的直接后果就是保障性住房的提供忽视保障对象的实际需求,使其供给成为政绩工程和形象工程,并易滋生贪污腐败现象。

公众参与程度受到政府理念、政府体制、政府机制及公众参政议政水平等诸多因素的限制,事实上,公众参与程度并非越深越好,鉴于我国公众参与的现状,不顾外部条件限制而一味地要求公众进行深层次参与,只能是一句空话,并不具备可行性,比如要求公众参与进入“公众控制”(Citizen Control)阶段,公众直接管理和决策,这显然是不现实的。笔者认为,保障性住房提供中的保障对象参与,应当改变目前处于最低层次——公众完全被动阶段的现状,目标是进入受约束的尝试阶段(或受引导的互助合作阶段)。因此,我们初步的判断是,保障性住房提供决策的最终控制权仍在政府手中,保障对象参与的意义,就在于为政府提供必要的信息,让政府了解到他们需要什么—关注公共服务提供的效果,他们对服务的评价是什么——公共服务的效果到底怎样,改变目前保障性住房提供效果缺失的现状,最终实现提高政府公共服务绩效的目标。

需要说明的是,本章所论述的公众参与为保障对象的参与,而不是全体公众参与。保障对象是保障性住房的直接受惠者,按照公共经济学理论,保障对象的获得正是来自其他公众的付出。理论上,在保障性住房的提供中,其他公众的参与同样重要,这相当于又增加了一个博弈主体,仅仅强调保障对象参与可能会导致“公平”问题(其他公众依靠自身能力无法达到保障对象的居住水平)的出现,而全体公众参与是破除“公平”问题的出路。笔者书中仅探讨保障对象参与,一方面是由于我国住房保障制度的建立尚处于起步阶段,以目前保障范围的划定标准及提供的保障性住房来看,还远未达到出现“公平”

问题的程度。我们看到更多的是与上述“公平”问题反向的“公平”问题，即，中低收入群体的住房得不到保障，而与此同时，带有投资、投机性质的商品房却大量空置。因此，对应我国城市保障性住房提供现状，在当前阶段尚无强调全体公众参与的必要；另一方面，公平的概念涉及保障对象的界定以及保障标准的划分，这并非本书讨论的重点。因此，笔者在论文中对保障对象之外的公众参与不加探讨，如有可能，在之后的研究工作中将加以分析研究。

5.2 基于 Vroom-Yetton 模型的保障对象参与模型

在实际决策制定过程中，没有一种公众参与模式可以适用于所有情况[90]。就参与的程序公正(Procedural Justice)而言，大多数的研究结果表明通过参与模式能够使参与者感到更公平从而更容易地接受决策结果，但在另一些情况下，参与程度提高，反而导致决策的接受度和满意度降低[115]。如何根据实际情况选择合适的参与机制，是保障性住房提供的对象参与机制迫切需要解决的问题。公众参与管理模式选择的研究最早出现在企业管理的行为科学领域。20 世纪 50、60 年代，行为科学领域的研究者提出员工参与管理(Participative Management)并将其运用在企业内部的小规模组织领域，期望通过员工参与管理的方法激励企业员工，提高决策接受度并灌输组织目标。自此不断有相应的模式选择研究成果出现，1973 年，Victor Vroom 和 Philip Yetton 在吸取这些研究成果的基础上建立了 Vroom-Yetton 模型[116]。经过对上千个决策的实证检验，证明该模型在企业管理领域是可行的。Vroom-Yetton 模型同样可以应用在诸如一般公共事务决策领域和自然资源决策领域中。Thomas(1990)[90]对一般公共事务中 Vroom-Yetton 模型的适用性进行了研究。他在对 30 个案例共计 42 个实际决策进行检验的基础上修正模型，并得出适用于一般公共事务中的公众参与选择模型。Sample(1993)[117]对 Vroom-Yetton 模型在自然资源决策领域的使用和适用性进行讨论，Lawrence 和 Deagen(2001)[118]在此基础上对 Vroom-Yetton 模型进行了二度修正。这些修正都是在原模型基础上的微调，但在一般公共事务决策领域中，对具体公共物品的特点分析有限，对各公众参与模式的选择条件、选择程序并没有给出总结和分析。本书对照 Thomas(1990)对一般公共事务中 Vroom-Yetton 模型的适用性研究，在分析保障性住房提供过程中政府决策特点的基础上，对该模型进行新的修正，提出适于保障性住房提供过程中保障对象参与的模型。本书对 Vroom-Yetton 模型的修正借鉴了国内学者刘华、屠梅曾、侯守礼(2006)研究自然资源决策领域公众参与模型的思路和方法[119]。

5.2.1 模型适用性判定

Thomas(1990)对一般公共事务中 Vroom-Yetton 模型适用性的研究中，提出了一般公共决策适用 Vroom-Yetton 模型的三个基础条件[90]，这三个基础条件决定了公众参与的必要性：

(1) 决策针对"政府机构管理者—公众"关系。

(2) 决策涉及较高的质量要求。在一般公共事务决策领域，Thomas 的实证研究证实了一般公共事务决策对质量的要求。在他的实证研究中，只有最终选择 G11 的三个实例决策没有质量要求。而通过对这三个决策的最终选择方案看，还是有质量要求隐含其中。保障性住房的提供涉及大量公共资源的使用，其提供过程具备系统性及复杂性特点，因此，提供过程中每一个环节的决策都涉及较高的质量要求。

(3) 决策制定和执行都要求较高的公众接受度。

在保障性住房提供中，只有当三个基础条件同时具备，保障对象才有参与的必要，才能够应用该模型进行进一步的判定。我们首先应用三个基础条件对保障性住房提供 20 个环节的适用性进行判定。

如表 5.1 所示，20 个环节分别回答了保障对象所关心的不同问题。

表 5.1　　保障对象参与决策 Vroom-Yetton 模型适用性判定表

序号	阶段	环节	需要回答保障对象的问题	适用一般公共事务中 Vroom-Yetton 模型的基础条件			是否适用一般公共事务中 Vroom-Yetton 模型
				决策针对"政府机构管理者—公众"关系	决策涉及较高的质量要求	决策制定和执行都要求较高的公众接受度	
1	项目准备阶段	项目立项	是否需要为你建造	是	是	是	是
2		选址	在哪里为你建造	是	是	是	是
3		房产企业的选择	谁为你建造	否	是	否	否
4		监理单位选择	谁为你监督	否	是	否	否
5		土地划拨	事务性决策	否	是	否	否
6		规划设计方案	你将获得什么	是	是	是	是

续　表

序号	阶段	环节	需要回答保障对象的问题	适用一般公共事务中 Vroom-Yetton 模型的基础条件			是否适用一般公共事务中 Vroom-Yetton 模型
				决策针对“政府机构管理者—公众”关系	决策涉及较高的质量要求	决策制定和执行都要求较高的公众接受度	
7	项目运行阶段	相关证照的办理	建造的过程如何	是	是	是	是
8		筹融资					
9		设计单位选择					
10		施工单位选择					
11		材料选购					
12		施工方案					
13		进度控制					
14		质量控制					
15		设计变更					
16		工程款支付					
17		工程签证					
18		工程决算					
19	竣工交付阶段	竣工交付	你获得了什么	是	是	是	是
20		分配方式的确定	事务性决策	否	是	否	否

项目立项环节是论证保障性住房建设的必要性及可行性，事实上是在回答保障对象“是否需要为你建造”的问题，决策针对“政府机构管理者—公众”关系，对保障对象接受度要求高，假如保障对象不接受，自然就没有建造的必要。

选址环节确定项目区位，这决定了保障性住房的周边配套，进一步决定着保障对象的生活便利度；房产企业及监理单位的选择决定着谁来为保障对象建造住房以及谁来提供监督服务，尽管决策涉及较高的质量要求，但政府合作伙伴选择必须通过招投标方式进行，是一个市场选择的过程。一方面这并不是针对“政府机构管理者—公众”关系；另一方面，本质上，保障对象关注的是服务的结果，对谁来提供服务并不关心。

土地划拨是在相关环节已经完成的情况下进行的一项事务性决策，立项、选址及合作伙伴选定后，土地划拨就成为必然；规划设计方案的选定将决定保障性住房的建造蓝图，面积、户型、小区内公建、环境配套等内容均在该阶段确定，回答保障对象“你将获得什么”的问题；

项目运行阶段就是规划设计方案实施的阶段，其中包含了12个环节，如第4章所述，政府在此阶段并不具备单独决策权，而是拥有审查权。显而易见，12个环节中并非每个环节都需要保障对象有较高的接受度，也并非每个环节都体现着"政府机构管理者—公众"关系。在此阶段，保障对象最关心的是保障性住房的建造进度、质量，这分别回答了保障对象"你能在多长时间内得到你的住房"以及"房子的质量如何"，这体现着"政府机构管理者—公众"关系，如果保障对象对进度及质量不满，可以将意见反馈至政府部门，政府将行使其审查权，同时，这种审查权的行使必然要获得保障对象的满意。因此，不再将项目运行阶段的每个环节进行细分，而将其作为保障对象参与的一个环节进行分析，参与的内容是进度和质量监督。

竣工交付环节，保障对象将获得住房，事实上是对"你获得了什么"的回答，尽管此时结果已不可逆，但一方面，这是保障性住房提供效果的最终体现；另一方面，保障对象的答案将对政府新的保障性住房项目建设提供有意义的借鉴。分配方式的确定是一项基于公私合同的事务性决策，在房产企业选择阶段已有约定，最终的确定不过是对合同执行结果的认定，不涉及"政府机构管理者—公众"关系。

由此，我们得到了保障性住房提供过程中需要保障对象参与的5个环节与相应需要回答的问题，如表5.2所示。

表5.2　保障性住房提供过程中需要保障对象参与的环节

序号	环节	需回答的问题
1	立项	是否需要为你建造住房
2	选址	在哪里为你建造住房
3	规划设计方案	你将获得什么样的住房
4	项目运行	建造的过程如何
5	竣工交付	你获得了什么

5.2.2 模型修正

Vroom-Yetton模型是通过依次询问管理者七个问题，根据"是"或"否"的答案沿模型给出的决策树的不同分支行进，最后得到针对不同问题的最有效的五种参与模式[119]，如图5.1所示：

A1：管理者根据目前可获得的信息自行制定决策；

A11：管理者从下属雇员处获得需要的信息，然后自行制定决策；

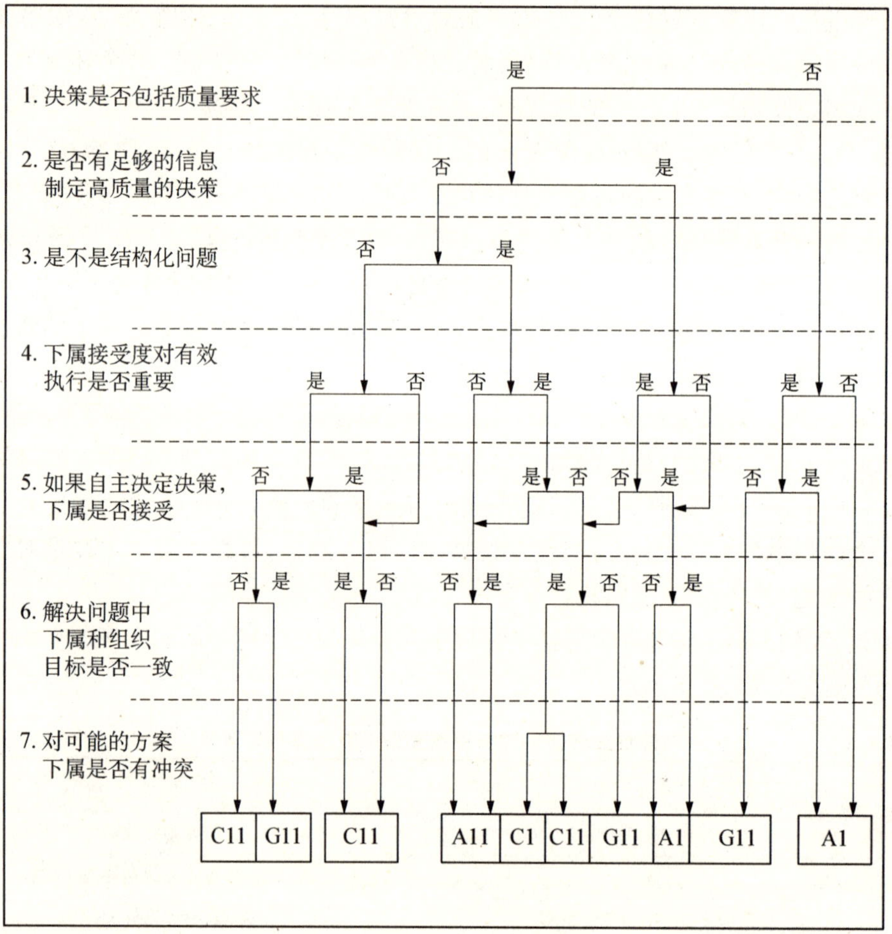

图 5.1　Vroom-Yetton 模型框架图

C1:管理者将问题分别同下属雇员商量,而无需把他们组成团队,获得他们的意见和建议后自行制定决策;

C11:管理者将下属雇员组成团队获取他们的意见和建议,并自行制定决策,最终决策可以反映或者不反映员工的意见;

G11:管理者将下属雇员组成团队,共同制定决策。

除了质量和接受度决定员工参与模式之外,模型还另外提出了两个影响因素—时间和参与者之间沟通的需要[119]。当这两个因素出现的时候,管理者可以考虑调整参与程度和相应模式。Vroom 和 Yetton 提出,如果决策有时间限制,可以考虑在达到一定要求的情况下减少参与。因为了解、获得以及协调员工对于决策的意见,然后结合企业发展的目标制定出高质量的决策需要投入大量的时间。因此，对于那些有严格时间限制的决策，管理者可以根据需要减少参与程度。参与者之间沟通的技巧和效果也对员工参与模式的选择有重要的影响。通过提高参与者之间沟通的技巧，增加他们之间的联系，对团队的进一步发展有好处。这种发展对更好地结合个人和组织的目标（问题六）以及调和参与者内部的冲突（问题七）都是有好处的。因此，当员工之间的沟通更有效时，管理者需要适当增加员工参与的力度。

Vroom-Yetton 模型主要以质量、接受度、时间和成员沟通四个原则作为公众参与模式选择的标准。在提出的七个问题中，问题一、二、三和质量相关，依次分别为质量要求、为制定高质量的决策而需要的信息，以及为达到质量进行的结构化限制程度；问题四、五、六、七则和接受度相关，依次分别为下属接受度对执行的重要性，为达到接受度所需要的参与度，目标的一致性决定管理者愿意分享信息的程度，以及冲突的调和性决定参与程度[119]。

1. 质量。原模型的前三个问题都是针对决策的质量提出的判断标准。我们分别对这三个问题进行分析，并在此基础上进行修正。

问题一："决策是否包括质量要求"？

保障性住房的提供涉及较大的公众利益，保障性住房的提供需要政府较大的财政支出，保障性住房依附与土地，土地是一个城市最重要的资源，且土地的使用具有不可逆性，在保障性住房的提供过程中，对政府的任何一个决策都会有较高的质量要求。因此，对保障性住房的提供而言，任何一个决策都包含复杂系统的高质量要求。由于对该问题的回答是肯定的，原模型的第一条问题在修正模型中删除不用。

问题二："是否有足够的信息制定高质量的决策"？

这个问题涉及信息对质量的影响。信息提供是公众参与的一项重要功能，曾经一度被当作公众参与的定义理解[118]。对于保障性住房提供过程中部分环节的政府决策，管理者无法独自掌握足够的信息，比如在规划方案设计阶段，因保障对象的家庭结构各异，那么合适的保障性住房房型便不尽相同，更何况保障对象的态度和利益诉求是确定保障性住房设计方案不可或缺的一部分信息。但对于某些环节而言，政府拥有足够的信息制定高质量的决策，同时保障对象的选择倾向性十分明显，比如保障性住房项目立项阶段，一方面，保障对象对是否需要建设保障性住房的回答是显而易见的；另一方面，结合目前住房保障的背景，对于某一区域是否需要建保障性住房，政府已做足功课，房管部门掌握地区住房供应、结构等信息，民政部门掌握地区居民收入水平、收入结构等信息，就此而言，政府拥有足够的信息制定高质量的决策。因此，在修正模型中保留该问题，并作为筛选的第一步。

问题三："是不是结构化问题"？

模型中的第三个问题涉及决策提出新的备选方案的可调整范围。例如"是否在该地进行保障性住房的建设"比"在哪个地区进行保障性住房的建设"更结构化。Thomas 举出的案例中表明，超过 50%的非效率公众参与决策都是由于在严格受限制的结构化决策中，使用比模型推荐的等级更高的公众参与模式导致公众产生强烈的"挫败效应"，最终产生决策的非效率[119]。因此，对于调整范围受到严格限制的结构化决策，公众参与的空间比较小，使用公众参与模式的程度需要小心控制。我们在修正模型中将此问题作为筛选的第二个问题。

2. 接受度。和信息提供一样，增加决策的接受度是公众参与模式的另一个重要的功能。原模型中有四个问题和接受度的判断相关。

问题四："下属接受度对有效执行是否重要"？

对比此问题，在保障性住房提供中，提高保障对象对决策的接受度十分重要，某些环节甚至是必要。企业中，下属雇员对决策的满意度和接受度决定他们工作的态度以及是否继续留在公司工作。目前还几乎没有证据表明员工满意度对提高生产力和效率有直接的影响[118]。而保障对象对于决策的接受度则直接影响决策的执行效率，甚至决定决策是否能够执行下去。比如，保障对象对政府所提供的保障性住房不满意，将可能导致建成保障性住房无人问津的现象，造成公共资源的浪费。因此，我们将这个问题修改为"保障对象接受度对政策有效执行是否重要"作为修正模型的第三个筛选问题。

问题五："如果自主制定决策，下属是否接受"？

管理者对下属的控制力度以及下属雇员对管理者的信任是下属能否接受管理者自主决策的重要因素。在保障性住房提供方面，一旦保障标准划定，政府机构便无法通过简单方式控制保障对象的人数和角色，对保障对象的控制力度相比企业管理者对下属雇员的控制力度大大减弱。一些情况下，保障对象中的利益团体可以通过"用脚投票"的方式制造影响力，来与政府机构的决策抗衡。另一方面，政府与保障对象作为三方合作模式中的两方，其合作的基础是具备一定的信任，对于某些决策，保障对象并不具备参与的条件，而政府可以自主做出正确的决策，那么保障对象的盲目参与只会降低决策效率。因此，我们将这个问题修改为"如果自主决定决策，保障对象是否接受"作为修正模型的第四个筛选问题。

问题六："解决问题中下属和组织的目标是否一致"？

下属是否和组织目标的一致性是管理者考虑是否进一步增加参与机会的重要指标。在企业管理中，两者目标的背离是企业发展的一大障碍，因此管理者在制定决策解决问题的同时，必须尽力消除这种背离，保障企业的健康发展。在保障性住房提供方面，政府的目标是公共利益最大化，而保障对象的目标是个人利益最大化，二者目标呈现出某种程度不一致。由于回答是“否”，我们在修正模型中删除这条问题。

问题七：“下属之间是否对可能的方案有冲突”？

对于保障性住房的提供，在某些环节的决策方面，保障对象之间将会达成一致，并不会产生冲突，比如在保障性住房立项环节，对“是否需要建造保障性住房”这一问题相信保障对象会达成一致意见。但在某些环节，保障对象间将会产生冲突，比如在方案设计阶段，由于保障对象的家庭结构不尽相同，那么对于保障性住房的房型设计要求就会不一致。因此，我们将这个问题修改为“对可能的方案，保障对象之间是否有冲突”作为修正模型的第五个筛选问题。

3. 时间。Thomas(1990)认为[120]，如果按照 Vroom 和 Yetton 的说法，在有效制定的所有决策中，有时间限制的决策所需要的公众参与程度要比没有时间限制的公众参与程度低。而他所得到的实证表明，只有三分之一的有时间限制的有效决策使用的公众参与程度低于模型推荐使用的程度，而有二分之一的没有时间限制的有效决策使用的公众参与程度低于模型推荐使用的程度。有没有可能是时间限制影响了有效决策率，而不是参与程度的影响呢？很明显，也不是。有时间限制(47%)和没有时间限制(48%)的有效决策达到率几乎是一致的。

对此，他的解释是：首先，由于时间的限制而牺牲公众参与制定出来的“快速决策”很可能遭到公众的反对，阻碍决策达到模式有效；其次，机构管理者同样面对执行决策的时间限制。由于公众的反对，往往会在执行中受到阻碍，拖延执行决策的时间，最终影响决策达到结果有效[120]。在控制决策时间和执行时间之间进行平衡，而不是简单地牺牲公众参与是机构管理者制定决策面临时间限制时需要综合考虑的。因此，时间要素作为影响决策效率和接受度的双刃剑无法作为模型中的一个明确的筛选问题出现，需要在实际操作由政府部门自行把握。

4. 参与者之间沟通的需要。对于为了参与者之间沟通的需要而增加公众参与的说法，Thomas 认为没有明确的实证结果表明这样的论点是有道理的[121]。事实上，保障性住房提供涉及的公众团体较为固定，保障对象具有较一致的收入水平，以及由此而决定的社会层级，在保障性住房提供方面，他们拥有相同的目标，并没有尖锐的利益冲突。因此，在参与者之间沟通的需要方面不设置单独的问题。

根据上文对原模型的分析和修正，我们得到了保障性住房提供的 Vroom-Yetton 保障对象参与模型，如图 5.2 所示。

A1：政府部门根据目前可获得的信息自行制定决策，无须保障对象参与；

A11：政府部门从部分保障对象处获得需要的信息，然后自行制定决策；

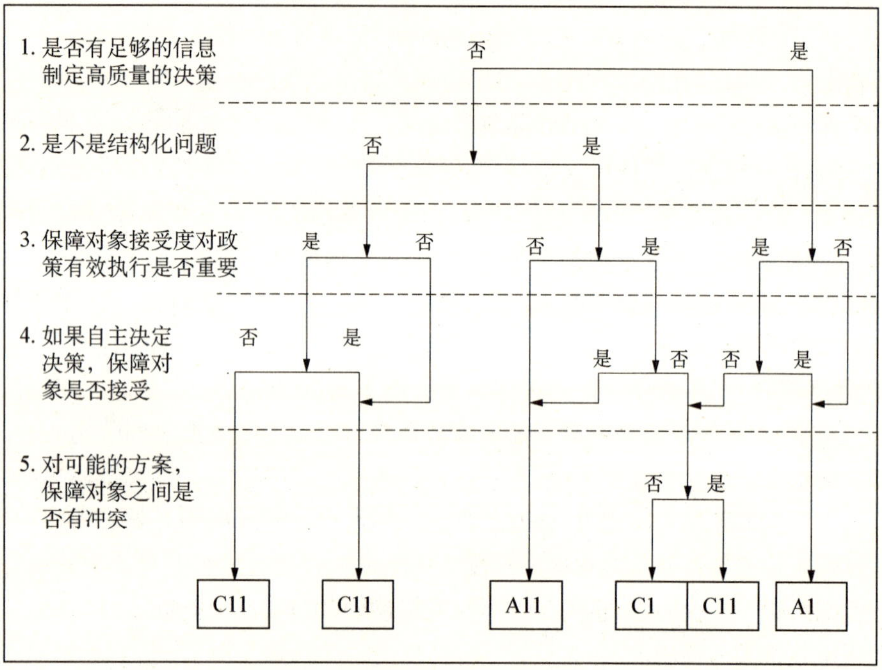

图 5.2　保障性住房提供的 Vroom-Yetton 保障对象参与选择模型图

C1:政府部门将问题分别同部分保障对象商量,而无须把他们组成团队,获得他们的意见和建议后自行制定反映保障对象意见的决策;

C11:政府部门将保障对象组成团队获取他们的意见和建议,并自行制定反映公众意见的决策;

A1 至 C11 代表着保障对象参与的不同程度。通过修正,原模型中 G11(政府部门将公众组成团队,共同制定决策)参与方式在修正模型中并未出现,表明,在保障性住房提供过程中,保障对象最深层次的参与并无必要,政策最终的制定权仍掌握在政府手中。事实上,这也符合在当前条件下,我们对保障对象参与程度的最初预判。对保障对象而言,他们是保障性住房提供的直接受益者,不管保障性住房提供这一公共服务的质量如何,他们仍旧保有"用脚投票"的权利从而不会成为利益损失者,就这点而言,保障对象不必进行最深程度的参与。

5.2.3　模型应用

依据保障性住房提供的 Vroom-Yetton 保障对象参与模型对表 5.2 中各环节进行

判定。

1. *项目立项环节——是否需要为你建造住房*

政府在这一阶段所做决策的内容主要为:确定项目建设的必要性。

问题1:是否有足够的信息制定高质量的决策。是。结合目前住房保障的背景,对于某一区域是否需要建保障性住房,政府已做足功课,房管部门掌握地区住房供应、结构等信息,民政部门掌握地区居民收入水平、收入结构等信息。同时,保障对象对这一问题的回答是显而易见的。

问题2:是不是结构化的问题。是。对于是否要建造保障性住房的问题,保障对象只需要回答是或否即可。

问题3:保障对象接受度对政策有效执行是否重要。是。假如在保障性住房项目立项阶段就没有得到保障对象的认可,将会直接影响保障效果。

问题4:如果自主决定决策,保障对象是否接受。是。无论前期是否征询过保障对象的意见,保障性住房的建设毕竟会对保障对象有益,从这一角度来看,如政府部门自主决定保障性住房立项,保障对象是可以接受的。

选择结果为A1:政府部门根据目前可获得的信息自行制定决策,无需保障对象参与。事实上,保障对象对保障性住房建设的必要性的回答是显而易见的,让保障对象参与此项决策反而会造成公共资源的浪费和效率的缺失。

2. *选址环节——在哪里为你建造住房*

政府所需做的决策为:确定项目地址。这决定了保障性住房的周边配套,进一步决定着保障对象的生活便利度。

问题1:是否有足够的信息制定高质量的决策。否。此环节为保障对象的偏好显示阶段。如前所述,对“在哪里为你建造住房”这一问题的回答是目前政府决策中被忽视的内容,政府只管提供住房,不关心由住房所决定的保障对象生活便利度,而生活便利度在很大程度上决定了保障性住房的提供效果,在这方面,政府并不具备足够的信息来制定高质量的决策。

问题2:是不是结构化的问题。否。所谓选址,就是对地址的选择,那么就应当具备选择的可能,应当是选择题,地方政府至少应当拿出区域内两块以上的用地以供选择,而不是判断题,仅拿出一块地块,保障对象自然没有选择的可能。

问题3:保障对象接受度对政策有效执行是否重要。是。区位很大程度上决定着保障对象的生活便利度,如把保障性住房地址选择在位置偏远、配套缺失的区域,可能会导致保障对象“用脚投票”,对政策执行十分重要。

选择结果为C11:政府部门将保障对象组成团队获取他们的意见和建议,并自行制定反映公众意见的决策。

3. 规划设计方案环节——你将获得什么样的住房

政府所需做的决策为:保障性住房的建造蓝图。决定了保障性住房的面积、户型、小区内公建、环境配套等内容。

问题 1:是否有足够的信息制定高质量的决策。否。保障对象的家庭结构不同,对住房面积、户型的需求也就不同;保障对象的年龄结构不同,对居住层次的需求也不同,政府如不了解相关信息,就难以作出高质量的决策。

问题 2:是不是结构化的问题。否。对规划方案的选择不能简单地回答是或否。

问题 3:保障对象接受度对政策有效执行是否重要。是。直接影响保障性住房分配阶段的效果。

选择结果为 C11:政府部门将公众组成团队获取他们的意见和建议,并自行制定反映公众意见的决策。

4. 项目运行环节——建造的过程如何

政府所需做出的决策:针对项目建造进度、质量,应用审查权,判断是否应该采取措施。

问题 1:是否有足够的信息制定高质量的决策。否。尽管政府可以从监理单位获得建造进度、质量的专业信息,但并不能排除房产企业与监理单位合谋的可能,也不能排除监理单位工作失误的可能。作为保障性住房的居住者,保障对象自然对保障性住房建造的进度和质量十分关心,这关系到他们什么时候能住进房子以及房子的质量如何,他们有动力参与这一过程,尽管可能不具备相关的专业知识,但仍有能力对建造的进度和质量进行表象上的判定。同时,保障对象在这一过程的参与可以促进房产企业和监理单位的责任心。因此,保障对象参与这一过程所提供的信息是政府作出高质量决策所不可或缺的。

问题 2:是不是结构化的问题。是。仅需要回答是否需对建造进度、质量采取措施。

问题 3:保障对象接受度对政策有效执行是否重要。否。由于能力和信息的限制,保障对象毕竟不能作出专业判断,同时,他们所关注的重点仍在提供的结果。因此,即便保障对象对政府在此阶段做出的决策接受度较低,也不影响政策的有效执行。

选择结果为 A11:政府部门从部分公众处获得需要的信息,然后自行制定决策。

5. 竣工交付环节——你获得了什么

政府所需做出的决策:是否可以交房。意味着是否可以将保障性住房分配给保障对象。

问题 1:是否有足够的信息制定高质量的决策。是。这正是政府与房产企业之间合同中所约定的内容,也是政府对合同执行情况的检验。对于住房交付使用的条件,上海市政府有相关的明确规定,专业房管部门将对住房予以最终验收。政府拥有足够的信息决定是否能够交房。

问题 3:保障对象接受度对政策有效执行是否重要。是。如不接受将意味着保障性住房提供的失败。

问题 4:如果自主决定决策,保障对象是否接受。否。保障对象拥有"用脚投票"的权力,政府不可能强制决定保障对象必须选择保障性住房。

问题 5:对可能的方案,保障对象之间是否有冲突。是。存在部分保障对象对结果满意而部分保障对象不满意的可能。

选择结果为 C11:政府部门将公众组成团队获取他们的意见和建议,并自行制定反映公众意见的决策。

通过应用 Vroom-Yetton 保障对象参与模型进行分析,我们得到了在保障性住房提供过程中需要保障对象参与的 4 个环节,以及 4 个环节的参与方式,如表 5.3 所示。

表 5.3　　Vroom-Yetton 保障对象参与模型应用成果表

	决策环节	决策内容	参与目的	参与方式	对效果的影响
1	项目选址环节	确定项目地址	显示保障对象选择偏好	政府部门将保障对象组成团队获取他们的意见和建议,并自行制定反映公众意见的决策	获得好的提供效果的基础
2	规划设计方案环节	保障性住房的建造蓝图	让保障对象对方案进行抉择和评估,使其更适合保障对象的需要	政府部门将保障对象组成团队获取他们的意见和建议,并自行制定反映公众意见的决策	获得好的提供效果的必要保障手段
3	项目运行环节	针对项目建造进度、质量,应用审查权,判断是否应该采取措施	让保障对象参与建造过程的监督与控制,规范合作方行为	政府部门从部分保障对象处获得需要的信息,然后自行制定决策	获得好的提供效果的必要保障手段
4	竣工交付环节	是否可以交房	让保障对象对提供效果进行最终评估,充分的意愿表达	政府部门将保障对象组成团队获取他们的意见和建议,并自行制定反映公众意见的决策	对提供效果进行检验,为新项目提供经验

5.3 基于提供效果的保障对象参与机制

5.3.1 保障对象参与机制的构建

本质上，在保障性住房提供中，政府所提供的并不仅仅是住房，而是一种住房服务，衡量服务水平的一个重要标准是保障对象的满意度，这种满意度的提高通过保障对象参与得以实现。一方面，只有在服务提供过程中给予保障对象说话的权利真正了解他们的需要，才能够作出正确的决策，提供出能够让他们满意的服务；另一方面，随着当前市场和社会能力的进一步拓展，公众参与公共事务的意愿得到极大的增强。物质世界不断丰富的同时，城市群体的主体意识逐步确立，维护自身利益的要求越来越强烈，人们越来越意识到自身生活福利的提高与城市整体的良性运行与发展是分不开的。现代信息技术手段的普及，更是极大拓展了公民参与的空间与广度。“不管公共管理者承认不承认，愿意不愿意，喜欢不喜欢，欢迎不欢迎，在今天，公民参与都将在人们的社会政治生活中发挥越来越重要的作用，体现越来越大的影响力。”[121] 尤其是保障性住房的提供关乎保障对象切身利益，满足他们参与公共事务的意愿，这本身就能够提高他们的满意度，从而提高保障性住房提供的效果。

在保障性住房提供中构建保障对象参与机制，意味着不是简单的仅把保障对象看作为单纯的受众，而是把他们看作为保障性住房提供这一公共活动的积极行动者；不是把保障对象当做被动的接受者，而是向他们提供参与其中的各种机会；不仅仅只让保障对象了解决策的结果，而应让他们合理的参与保障性住房提供的管理决策；不是把解决了多少户保障对象住房问题作为政府的政绩，而应把保障对象的满意度纳入到保障性住房提供这一公共服务绩效的考核体系。只有这样，才能真正转变政府理念，真正做到让保障性住房的提供以保障对象为本，才能更好地提供保障性住房。保障对象参与机制的构建是政府公共管理的制度创新，可以有效地提升政府提供保障性住房的绩效。

依据如表 5.3 所示的 Vroom-Yetton 保障对象参与模型的应用成果，从保障性住房提供流程的整体来看，各阶段的对象参与都包含着各自的内容、作用方式和影响效果，显示出特有的系统性功能。这些在保障性住房提供的各阶段具有不同机制性功能的运作方式便形成了不同的保障对象参与子机制。它们依照自身固有的规律，有机地联系在一起，构成完整的复合性功能系统，形成基于提供效果的保障对象参与机制。

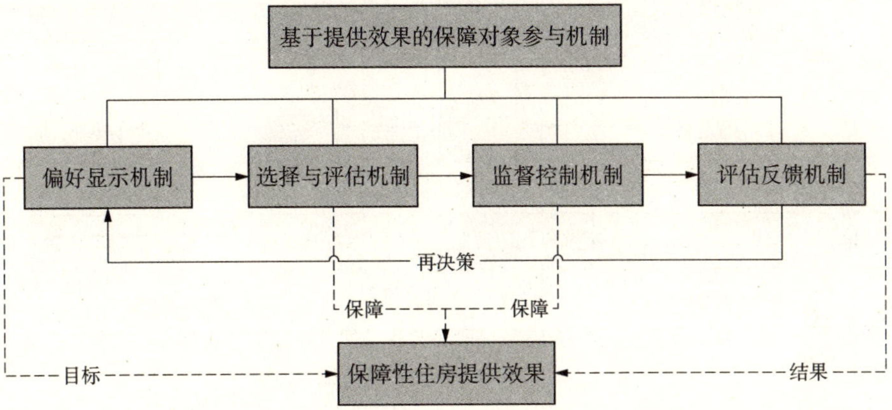

图 5.3　基于提供效果的保障对象参与机制

从图 5.3 中可以看到，每个子机制都包含各自的内容，保障对象参与的作用得以有效实现，离不开子机制作用的有效发挥。可以说，保障对象参与机制的运行过程，就是这些子机制在保障性住房提供过程中的不同阶段发挥有效作用的过程。

保障性住房提供的决策过程客观表现为保障性住房提供的实现过程，即从偏好需求的出现到决策主体的组建、决策方案的制定、决策方案的实施和形成最终的决策结果的公共产品供给的外在显现过程。然而，不论是保障性住房提供的决策过程还是实现过程，其实质都是决策的各个关键子机制在决策系统中发挥有效作用的过程。

因此，对于保障性住房提供决策中保障对象参与机制的系统构建，首先应结合决策过程和提供的实现过程，提取决策各阶段的保障对象参与子机制；其次，明确子机制间的相互关系，理顺决策各阶段保障对象参与子机制的运作流程；第三，在上述步骤基础上构建保障对象参与机制的运行流程；最后，将决策过程和提供实现过程与保障对象参与机制进行系统整合，以此构建出保障性住房提供中保障对象参与机制的运作模型，如图 5.4 所示。

5.3.2　偏好显示机制

保障性住房提供的目的在于满足保障对象的现实需求偏好，而保障对象的现实需求偏好也就决定了保障性住房提供的决策内容。利文斯顿(J. S. Livingston)认为："问题的挖掘和确认比问题的解决更为重要，对一个决策者来说，用一个完整而优雅的方法去解

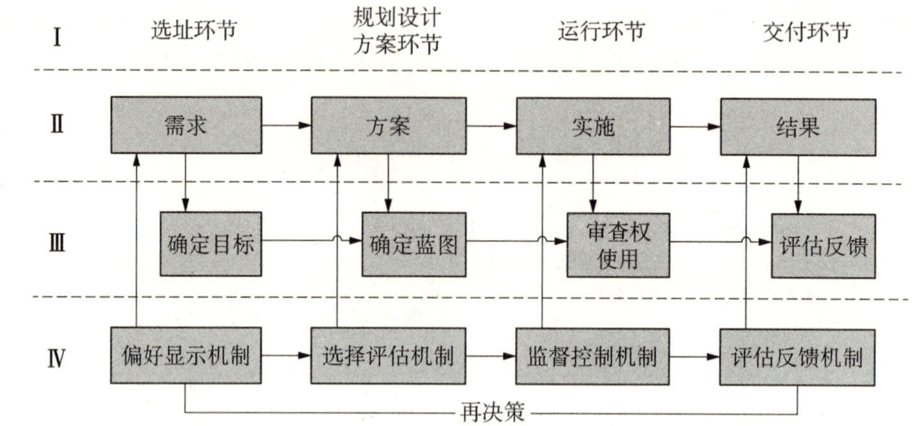

图 5.4　保障对象参与机制运作模型

决一个错误的问题对其机构产生的不良影响比用较不完整的方案去解决一个正确的问题大得多。”[122]因此建立保障对象参与的需求偏好显示机制目的就在于为保障对象提供反映其需求偏好的正式管道，从而形成保障对象具体的决策需求，为保障性住房提供决策的项目准备阶段提供准确的信息来源。

偏好显示机制一方面能使政府准确地了解保障对象的需求，从而提供相应的公共服务，避免保障性住房提供在项目准备阶段就产生目标的失误；另一方面也拉近了政府与保障对象的距离，使保障性住房提供的决策更容易获得保障对象的认可，便于决策的执行，同时也有利于树立政府良好的亲民形象。

在当前的保障性住房提供中，政府选址不当的现象时有发生，或选择在位置偏远、配套不全的郊区，或选择在交通不便、消费昂贵的地产新贵区，在保障性住房提供项目确定的最初阶段就形成了保障目标与需求之间的巨大偏差，其根源就在于偏好显示机制尚未建立。

在选址环节，按照所确定的“政府部门将保障对象组成团队获取他们的意见和建议，并自行制定反映公众意见的决策”参与方式，在保障范围确定后，政府可以选择“意见调查表”的方式，对保障对象的需求偏好进行调查研究，确定医疗、教育、交通、银行网点等需求作为研究对象，真正了解保障对象的需求层次，从而使保障对象的需求得以显示，然后结合区域内可用于保障性住房建设的用地情况，综合作出决策，确保决策目标价值取向的正确。

5.3.3　选择和评估机制

偏好显示机制所确定的目标是选择和评估机制运作的基础。有了决策目标，就可以围绕该目标制订多种旨在实现目标的决策方案。方案抉择与评估机制是指决策目标确认之后，对保障性住房建造的规划方案进行选择与评估，保证规划设计方案的有效性，并使其与公众需求的相一致的过程。

虽然偏好显示机制能够为保障性住房建设提供决策需求的信息来源，从而保证问题界定符合实际的保障对象需求，但是从保障性住房提供的实际情况来看，决策者在进行目标确认时，最初的价值判断往往近似于一种本能反应，甚至还表现出尽可能地规避公共服务决策的必要原则和程序，试图按照自己的主观愿望和价值偏好来认定决策目标和方案的价值影响，因此决策无能和失误就成为城市保障性住房提供中经常出现的两大弊病。政府单方面确定保障性住房面积在 50—60 平方米即是一例，保障对象的家庭成员结构不同，对保障性住房的面积需求自然不同，如此武断地决定保障性住房面积，正是由于方案选择和评估的缺失。在这种情况下，只有保障对象参与规划方案设计环节的决策才能更有效地使决策趋于理性。因此，在保障性住房的提供过程中，方案选择与评估机制是必不可少的。

在规划方案设计环节，按照所确定的“政府部门将保障对象组成团队获取他们的意见和建议，并自行制定反映公众意见的决策”参与方式，在选址确定后，政府可以依据保障对象的需求偏好，对保障对象的家庭结构、年龄结构进行研究分析，将研究结果作为方案设计的重要依据，委托设计单位进行 3—4 套可行的规划方案设计，然后将方案予以公示，收集保障对象意见，综合意见做出最终决策，确保规划方案设计的有效性，同时保证其与保障目标价值取向的一致性。

5.3.4 监督控制机制

监督控制机制主要强调在保障性住房建设过程中有及时的公众信息反馈与交流，促进政府处理其中的关键性问题，一旦发现建设过程中存在的工程进度和质量问题，政府即可以使用其审查权予以纠正；同时，可以提高房产企业与监理单位的积极性和责任心，从而保证保障性住房建设的顺利实施。

在项目建设环节，按照所确定的“政府部门从部分保障对象处获得需要的信息，然后自行制定决策”的参与方式，政府部门可组织部分有积极性参与并具备一定工程经验的保障对象成立“建设质量与进度监督小组”，并在住保中心设置专门的信息接收部门，公开监督电话，随时接受保障对象的监督信息，如有问题，保障对象可至该部门反映，住保中心先行甄别筛选后再做出判断，应避免保障对象直接与房产企业或施工单位的接触，以避免不必要的效率损失。

5.3.5 评估反馈机制

评估反馈机制是保障性住房建成后，对所实现的结果进行综合性价值评价和信息反馈的保障对象参与过程。保障性住房的提供效果即是通过评估反馈机制予以显现。

保障性住房是为保障对象的需求而存在的，其提供效果如何，保障对象最有发言权。如果最终提供的保障性住房只满足了部分的保障对象的需求或完全不能满足，那么，就需要对保障性住房的提供进行再决策或追踪决策，即进入下一轮的保障性住房提供决策过程，通过保障对象参与系统的循环，实现城市保障性住房提供决策的持续性改进。

在竣工交付环节，按照所确定的“政府部门将保障对象组成团队获取他们的意见和建议，并自行制定反映公众意见的决策”参与方式，政府应委托专业的评估机构进行保障对象满意度测评，依据保障对象满意度确定保障性住房提供的效果，进而对提供绩效进行综合评估，分析存在的问题根源，制定对策用以指导新一轮的保障性住房提供，从而形成决策环路。

需要指出的是，在保障性住房竣工交付环节，许多提供效果可以即时显现，如配套服务充分度、建设进度等，但由于保障性住房提供过程中的决策实施效果具有时滞性、隐藏性，部分效果在短时间内难以显现或评价，如房屋质量、物业服务等。因此，对保障性住房提供效果的评价是一个长期持续的过程，尽管如此，这一过程仍是必要的。

5.1 5.2 5.3 **5.4**

5.4 保障对象参与机制和公私合作机制的有机结合

保障性住房提供三方合作模式由公私合作机制和保障对象参与机制构成。公私合作机制中，通过合理的决策权配置机制对政府权力进行了制衡，从而达到提高提供效率的目标；设立保障对象参与机制是为了增加博弈主体，进一步合理制衡政府权力，从而达到提高提供效果的目标。

保障性住房提供三方合作模式的成功，有赖于其两个组成部分的有机结合，结合点就在于合理的决策权配置构造。保障对象参与机制明晰了保障对象在保障性住房提供过程的权利配置方式，基于此，对表 4.5 所示的决策权配置构造进行修正，得到表 5.4 所示的保障性住房提供三方合作模式下的决策权配置构造。

表 5.4　　保障性住房提供三方合作模式下的决策权配置构造

序号	决策阶段	决策内容	政府部门		合作者 1	合作者 2	其他市场主体				权力部门
			住房保障中心	职能部门	房产企业	保障对象	施工单位	设计院	监理单位	咨询单位	各级人大
1	准备阶段	项目立项	B	B						E	C
2		项目选址	B	B		B				E	C
3		房产企业选择	A	C							
4		监理单位选择	A	C							
5		土地划拨		A							
6		规划方案	B	C	B	B		E			
7	运行阶段	相关证照办理	C	C	A						
8		筹融资	C	C	A						
9		设计单位选择	C		A						
10		施工单位选择	C		A			C	C		
11		材料选购	C	C	A				B		
12		施工方案	C		A		B		B		
13		进度控制	C		A	E	D		B		
14		质量控制	C		A	E	D		B		
15		设计变更	C		A		D	B	C		
16		工程款支付	C		A		D	C	C		
17		工程签证	C		A		D	E	B		
18		工程决算	C		A				B	E	
19	交付阶段	竣工交付	A	C	B	B					
20		合同约定的履行	A	C	B						

注：A：单独决策权；B：共同决策权；C：审查权；D：协商权；E：建议权。

如图 5.5 所示，通过公私合作机制和公众参与机制的有机结合，改变了现有提供模式中存在的激励低效、监督无力、风险分担模糊、保障对象参与缺位、决策权配置混乱等问题，明确了政府角色定位，理顺了三方主体之间的关系，最终形成了激励有效、监督有力、风险分担明确、保障对象有效参与、决策权合理配置的三方合作模式，从而有效解决了保障性住房提供中的效率、效果问题。

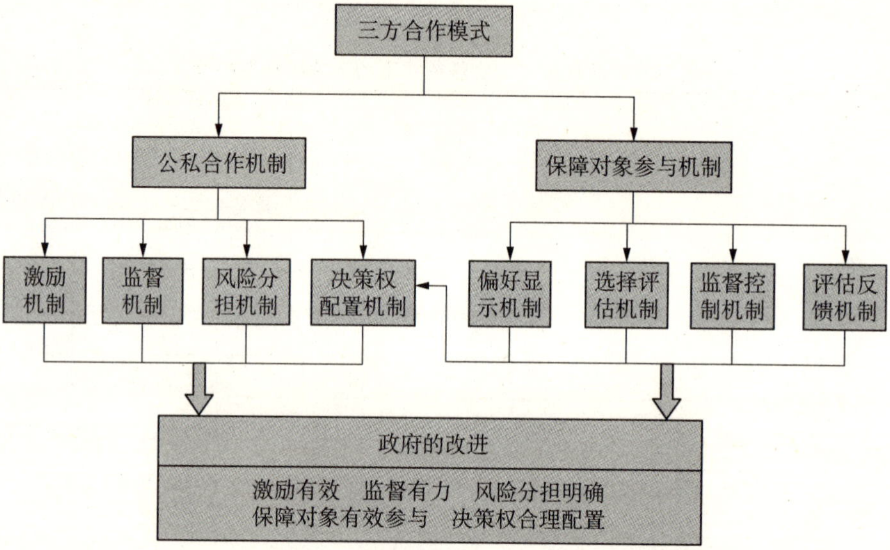

图 5.5　保障对象提供的三方合作模式机制整合图

06

第6章 保障性住房提供效率的案例比较研究

6.1 案例概述
6.2 比较研究
6.3 结论与政策建议

本书选取两个具有代表性的政府投资住房建设的案例进行分析，同时加入商品住房项目作为对比，通过对不同提供效率所对应的不同决策权配置机制的比较研究，探寻提供效率背后的机制因素，从而对本书保障性住房提供公私合作机制的理论架构进行检验。

6.1 6.2 6.3

6.1 案例概述

本书选取三个案例做比较研究，分别为：项目 A，政府安排、政府提供的纯政府机制下住房提供案例；项目 B，当前采用的政府部门安排、房产企业提供的名义上的公私合作案例；项目 C，市场机制下的商品住房项目。

6.1.1 纯政府机制提供住房案例（项目 A）

项目 A 为 2001 年上海市某区住宅开发办公室投资建设的一幢住宅楼，按照区政府要求，该项目投资建设的目的是建成后进行市场交易，以补充区政府财力，但在该项目立项之初就内部流传出建成后将以低于市场价的价格向区政府工作人员进行内部供应，事实上，该项目建成后部分住宅推向市场，部分住宅内部供应。显然，该项目的供应对象并非低收入群体，但由于项目建设前的供应对象并不明确，可将该项目视作带有一定公共物品性质的住宅项目，且供应对象的指向是在项目建成后才会有实质性的区别，项目建成前的立项、规划设计、筹融资、招投标、项目建设等具体环节的安排与保障性住房的开发建设无异，笔者参与了该项目开发建设的全过程，认为该项目是典型的政府安排、政府提供住房的案例，故把其作为研究对象进行分析。

该项目位于某区双阳北路、国顺东路，2001 年 7 月立项，2002 年 3 月开工建设，2004 年 12 月竣工，总建筑面积 3 072 平方米，项目预算成本 1 698.8 万元。项目规划指标如表 6.1 所示。

表 6.1　项目 A 规划指标

项目名称	规划指标					
	用地面积（平方米）	建筑面积（平方米）	住宅面积（平方米）	容积率	绿地率	建筑密度
项目 1	1 230	3 072	3 072	2.5	30%	59%

项目建设成本计算如下(相关数据均来自某区住宅开发办公室):

按照项目建设的环节划分,项目成本计算公式如下:

项目成本 = 土地取得费用 + 项目建设费用 + 销售费用 + 税费

按照上海实际,上述公式可具化为:

项目成本 = ① 土地取得费用 + ② 配套成本 + ③ 前期费用 + ④ 工程建设成本 + ⑤ 交付使用费用 + ⑥ 间接费用 + ⑦ 销售费用

① 土地取得费用。该项目土地为净地出让,且为划拨取得,土地使用权出让金及动拆费用计为0。

② 配套费用。按照上海市政府规定,大市政配套费为320元/平方米(纯住宅面积),其中包含180元/平方米市政配套费,110元/平方米公建配套费,30元/平方米轨道交通费,旨在解决住宅小区用地范围以外的大市政配套及公建配套问题;另有小区用地范围内供电、上水、小水、煤气、电话、有线电视、人防建设等小配套建设。

③ 前期费用。包括前期土地平整、搭建临时设施等工程前期费,勘察设计费、设计监理费以及请照手续费,其中请照手续费包括:办理建设工程规划许可证、建设工程竣工验收合格证、交付使用许可证之前发生的测绘费用,办理规划一书两证、交付使用许可证、房地产权证等由政府职能部门收取的工本费,一般一证收费为1元/平方米(总建筑面积),2006年按照国务院要求,上海市对行政收费进行清理,上述工本费部分列入清理范围,自2007年始不再收取。

④ 工程建设成本。由土建、安装、总体建设、绿化环境、工程监理、招投标费用等分项组成。

⑤ 交付使用费用。是指在项目交付使用前由房地部门收取的用于小区日常维护的维修基金。

⑥ 间接费用。由管理费、不可预计费、财务费用三部分组成。其中,管理费包括员工工资、福利费、业务招待费、工会经费、职工教育经费、广告费、办公费等;不可预计费包括公关费用、工程量增加、政策性因素增加的费用等;财务费用主要是指开发商拿地资金在回收前所发生的贷款利率费用,一般以土地成本×2年×10%计算。近几年来,随着土地成本的节节攀升,财务费用在项目成本中所占的比重也越来越大,但由于此项目供地方式为划拨,土地取得费用为0,主要由此而产生的财务成本视作为0。

⑦ 销售费用。主要为销售环节所发生的销售代理费,由于比较研究的对象为项目建设环节所产生的成本,故此部分费用不列入项目成本。

项目A的预算成本与最终财务决算成本如表6.2所示。

表 6.2　　项目 A 预、决算成本对比

编号	总项	分项	计算公式	预算成本（万元）	财务决算成本（万元）	超预算金额（万元）	超预算比例
1	土地成本	土地出让金	按实计算	0	0	0	0.00%
		动拆迁费用	按实计算	0	0	0	0.00%
		小计		0	0	0	0.00%
2	配套成本	大市政配套费	320 元/平方米（住宅面积）	98.3	98.3	0	0.00%
		强电	145 元/平方米（地上建筑面积）	44.5	44.5	0	0.00%
		上水	17.5 元/平方米（地上建筑面积）	5.4	7	1.6	29.63%
		下水	45 元/吨设计量	5	5.3	0.3	6.00%
		电话	20 元/平方米（地上建筑面积）	6.1	6	−0.1	−1.64%
		煤气	21 元/平方米（地上建筑面积）	6.5	9	2.5	38.46%
		有线电视	2.5 元/平方米（地上建筑面积）	0.8	0.9	0.1	12.50%
		小计		166.6	171	4.4	2.64%
3	前期费用	前期工程费	15 元/平方米（总建筑面积）	4.6	6	1.4	30.43%
		勘察设计费	28 元/平方米（总建筑面积）	8.6	9	0.4	4.65%
		设计监理费	3 元/平方米（总建筑面积）	0.9	1	0.1	11.11%
		请照手续费	10 元/平方米（总建筑面积）	4	4	0	0.00%
		小计		18.1	20	1.9	10.50%
4	工程建设成本	土建	1 000 元/平方米（总建筑面积）	307.2	384.3	77.1	25.10%
		水电安装	75 元/平方米（总建筑面积）	23	31	8	34.78%
		设备安装	75 元/平方米（总建筑面积）	23	27	4	17.39%
		总体建设	200 元/平方米×占地面积×（1—建筑密度—绿地率）	11.7	14	2.3	19.66%
		绿化环境	150 元/平方米×占地面积×绿地率	13.8	15	1.2	8.70%
		工程监理	建安造价的 1%	3	3	0	0.00%
		施工招投标	建安造价的 1%	3	3	0	0.00%
		小计		384.7	477.3	92.6	24.07%
5	交付使用费用	维修基金	1 295 元/平方米（地上建筑面积）×4%	15.9	15.9	0	0.00%
6	间接费用	管理费	200 元/平方米（总建筑面积）	61.4	73	11.6	18.89%
		不可预计费	100 元/平方米（总建筑面积）	30.7	45	14.3	46.58%

续 表

编号	总项	分项	计算公式	预算成本（万元）	财务决算成本（万元）	超预算金额（万元）	超预算比例
		财务费用		0	0	0	0.00%
		小计		92.1	118	25.9	28.12%
		合计		661.5	783.3	121.8	18.41%

项目A前期预算成本为661.5万元，竣工后财务决算成本为783.3万元，超预算121.8万元，超预算比例为18.4%，建设周期(开工至交付使用)原定为2年，实际建设周期2年9个月，延期9个月竣工交付。成本单价为:2 550元/平方米。

6.1.2 当前公私合作机制提供保障性住房案例(项目B)

项目B:上海市某经济适用房小区，2008年6月开工，2010年6月竣工交付，总用地面积21 200平方米，总建筑面积53 000平方米，其中住宅面积49 650平方米。各规划指标如表6.3所示。

表6.3　项目B规划指标

项目名称	规划指标					
	用地面积（平方米）	建筑面积（平方米）	住宅面积（平方米）	容积率	绿地率	建筑密度
项目1	21200	53000	49650	2.5	30%	53%

项目B的预算成本与财务决算成本如表6.4所示。

表6.4　项目B预、决算成本对比

编号	总项	分项	计算公式	预算成本（万元）	财务决算成本（万元）	超预算金额（万元）	超预算比例
1	土地成本	土地出让金	按实计算	0	0	0	0.00%
		动拆迁费用	按实计算	0	0	0	0.00%
		小计		0	0	0	0.00%
2	配套成本	大市政配套费	320元/平方米(住宅面积)	1 588.8	1 588.8	0	0.00%
		强电	145元/平方米(地上建筑面积)	717.8	717.8	0	0.00%
		上水	30元/平方米(地上建筑面积)	159	159	0	0.00%

续 表

编号	总项	分项	计算公式	预算成本（万元）	财务决算成本（万元）	超预算金额（万元）	超预算比例
		下水	65 元/吨设计量	155	155	0	0.00%
		电话	23 元/平方米(地上建筑面积)	121.9	122	0.1	0.08%
		煤气	30 元/平方米(地上建筑面积)	159	158	−1	−0.63%
		有线电视	2.5 元/平方米(地上建筑面积)	13.3	13	−0.3	−2.26%
		小计		2 914.8	2 913.6	−1.2	−0.04%
3	前期费用	前期工程费	15 元/平方米(总建筑面积)	79.5	80	0.5	0.63%
		勘察设计费	45 元/平方米(总建筑面积)	238.5	240	1.5	0.63%
		设计监理费	4 元/平方米(总建筑面积)	21.2	22	0.8	3.77%
		请照手续费	5 元/平方米(总建筑面积)	26.5	26	−0.5	−1.89%
		小计		365.7	368	2.3	0.63%
4	工程建设成本	土建	1 500 元/平方米(总建筑面积)	7 950	8 053	103	1.3%
		水电安装	120 元/平方米(总建筑面积)	636	674	38	5.97%
		设备安装	150 元/平方米(总建筑面积)	795	806	11	1.38%
		总体建设	250 元/平方米×占地面积×(1－建筑密度－绿地率)	90.1	93.4	3.3	3.66%
		绿化环境	170 元/平方米×占地面积×绿地率	108.1	110.2	2.1	1.94%
		工程监理	建安造价的 1%	93.8	95	1.2	1.28%
		施工招投标	建安造价的 1%	93.8	94	0.2	0.21%
		小计		9 766.8	9 925.6	158.8	1.63%
5	交付使用费用	维修基金	1295 元/平方米(地上建筑面积)×4%	274.5	274.5	0	0.00%
6	间接费用	管理费	200 元/平方米(总建筑面积)	1 060	1 143.5	83.5	7.88%
		不可预计费	100 元/平方米(总建筑面积)	530	535.2	5.2	0.98%
		财务费用		0	0	0	0.00%
		小计		1 590	1 678.7	88.7	5.58%
合计				1 4911.8	15 160.4	248.6	1.67%

项目 B 前期预算成本为 14 911.8 万元，竣工后财务决算成本为 15 160.4 万元，超预算 248.6 万元，超预算比例为 1.67%，建设周期与原定相当。成本单价为 2 860 元/平

方米。

6.1.3 市场机制下提供商品住房案例(项目C)

项目C:为上海正文房地产开发有限公司开发的正文花园(一期)住宅小区,2007年1月开工,2008年11月交付使用,小区总用地面积22 520平方米,总建筑面积56 300平方米,其中住宅面积49 500平方米。项目C各规划指标如表6.5所示。

表6.5 项目C规划指标

项目名称	规划指标					
	用地面积(平方米)	建筑面积(平方米)	住宅面积(平方米)	容积率	绿地率	建筑密度
项目1	28 150	56 300	49 500	2.0	47%	40%

项目C的预算成本与财务决算成本如表6.6所示。

表6.6 项目B预、决算成本对比

编号	总项	分项	计算公式	预算成本(万元)	财务决算成本(万元)	超预算金额(万元)	超预算比例
1	土地成本	土地出让金	按实计算	0	0	0	0.00%
		动拆迁费用	按实计算	0	0	0	0.00%
		小计		0	0	0	0.00%
2	配套成本	大市政配套费	320元/平方米(住宅面积)	1 584	1 584	0	0.00%
		强电	145元/平方米(地上建筑面积)	717.8	717.8	0	0.00%
		上水	30元/平方米(地上建筑面积)	148.5	144	−4.5	−3.03%
		下水	65元/吨设计量	150	135	−15	−10.00%
		电话	23元/平方米(地上建筑面积)	113.9	114	0.1	0.09%
		煤气	30元/平方米(地上建筑面积)	148.5	148	−0.5	−0.34%
		有线电视	2.5元/平方米(地上建筑面积)	12.4	12.5	0.1	0.81%
		小计		2 875.1	2 855.3	−19.8	−0.69%
3	前期费用	前期工程费	15元/平方米(总建筑面积)	74.3	73	−1.3	−1.75%
		勘察设计费	45元/平方米(总建筑面积)	222.8	223	0.2	0.09%
		设计监理费	4元/平方米(总建筑面积)	19.8	19	−0.8	−4.04%
		请照手续费	5元/平方米(总建筑面积)	24.8	24.8	0	0.00%
		小计		341.7	339.8	−1.9	−0.56%

续 表

编号	总项	分项	计算公式	预算成本（万元）	财务决算成本（万元）	超预算金额（万元）	超预算比例
4	工程建设成本	土建	1 500 元/平方米(总建筑面积)	7 425	7 430	5	0.07%
		水电安装	120 元/平方米(总建筑面积)	594	588	−6	−1.01%
		设备安装	150 元/平方米(总建筑面积)	742.5	733	−9.5	−1.28%
		总体建设	250 元/平方米×占地面积×(1—建筑密度—绿地率)	91.5	90	−1.5	−1.64%
		绿化环境	170 元/平方米×占地面积×绿地率	224.9	230	5.1	2.27%
		工程监理	建安造价的 1%	87.6	85	−2.6	−2.97%
		施工招投标	建安造价的 1%	87.6	80	−7.6	−8.68%
		小计		9 253.1	9 236	−17.1	−0.18%
5	交付使用费用	维修基金	1 295 元/平方米(地上建筑面积)×4%	256.4	256.4	0	0.00%
6	间接费用	管理费	200 元/平方米(总建筑面积)	990	983.6	−6.4	−0.65%
		不可预计费	100 元/平方米(总建筑面积)	495	487.3	−7.7	−1.56%
		财务费用		0	0	0	0.00%
		小计		1 485	1 470.9	−14.1	−0.95%
合计				13 954.9	13 902	−52.9	−0.38%

数据来源:上海正文房地产开发有限公司,因房地产项目土地成本较为敏感,且作为项目 A、B 的参照,土地成本不具比较意义,故此处取值为 0,主要由此产生的相应财务费用取值也为 0。

项目 C 前期预算成本为 13 954.9 万元,竣工后财务决算成本为 13 902 万元,少于预算 52.9 万元,建设周期与原定相当。成本单价为 2 469 元/平方米。

6.1.4 效率对比

由上述 3 个案例可以发现,项目 A 决算超预算比例较大,达到 18.4%,且竣工交付日期拖延较长,达到 9 个月;项目 B 如期竣工,虽最终决算略有超支,但比例不大(1.67%);项目 C 如期竣工且决算较预算减少。

从单价成本比较来看,项目 A、B、C 分别为:2 550 元/平方米、2 860 元/平方米、2 469 元/平方米。三个项目建造年代及建造模式的不同造成其提供效率不可比,要使提供效率具有可比性,需要进行两处修正:

1. 项目 A 与项目 B、C 建造时间相差 7 年,期间原材料价格上涨,综合各上涨因子,整体上涨水平约为 50%,在其他费用不变的情况下,以 2007 年原材料价格水平核算项目 A 成本单价为 3 084 元/平方米(计算过程略)。

2. 项目B采取名义上的公私合作机制进行建造，其中政府对房产企业的管理成本并未核算，鉴于直接计算该项目监督成本的数据可得性差，本书采取如下方式予以估算：上海市为推进保障性住房建设成立住房保障中心，各区县亦设立相应机构，工作人员除机构领导为公务员编制外，大部分为事业编制，尚有部分为市属、区属国企借调人员。2009年全市市级与18个区县住房保障中心人员约为430人，按照上海市财政划拨额度估算，人年均额度15万元[①]，财政年度开支总额为6 450万元。按照《上海市解决城市低收入家庭住房困难发展规划(2008—2012年)》：规划期内，累计筹集和建设廉租住房、经济适用住房约2 000万平方米。平均每年约400万平方米。因此，政府监督成本估算为16元/平方米，项目B成本修正为2 876元/平方米。

由此得到，同等外部条件下，项目A、B、C的效率比较为：项目C>项目B>项目A。

接下来，我们将通过三个项目的决策权配置机制的研究，探讨造成项目A和项目B效率损失的机制性原因。

6.2 比较研究

6.2.1 纯政府机制决策权配置构造特点

项目A决策权配置构造如表6.7所示。

表6.7 纯政府提供保障性住房模式下决策权配置构造表

序号	决策阶段	决策内容	行政主体			项目业主		市场主体			
			政府官员	职能部门	行业主管部门	项目经理	部门经理	建造商	设计院	监理单位	咨询单位
1	准备阶段	项目立项	A	C	E						E
2		项目选址	A	C	E	E			E		E
3		规划方案	A	C	E	E			E		

① 数据来源：引自：上海公布财政预算，总预算658亿人员经费104亿 http://news.xinhuanet.com/house/2009-12/29/content_12720233.htm

续 表

序号	决策阶段	决策内容	行政主体			项目业主		市场主体			
			政府官员	职能部门	行业主管部门	项目经理	部门经理	建造商	设计院	监理单位	咨询单位
4		相关证照办理		C	A	B					E
5		筹融资		C	A	B		B		E	
6		设计单位选择		C	A	B					
7		施工单位选择		C	A	B					
8		监理单位选择		C	A	B					
9		材料选购		C	A	B	E				
10	运行阶段	施工方案				A	B	B	C	C	
11		进度控制		C	A	B	E	D	D		
12		质量控制		C	A	B	E	D	E	C	
13		设计变更		C	A	B	E	D	B		
14		工程款支付		C	A	B	E	D	D		
15		工程签证		C		A	B		B		
16		工程决算		C	A			D			E
17	交付阶段	竣工交付		C	A	B					

注：A：单独决策权；B：共同决策权；C：审查权；D：协商权；E：建议权。

由表 6.7 可以看出决策权纵向配置的突出特点。

首先，决定项目上马、项目规模、项目规划方案的拍板人（最终决策人）是政府分管官员（分管城建副区长），而项目业主（区住宅开发办公室）、政府职能部门和行业主管部门只是配合提出建议、进行审查工作等。也就是说，政府官员是项目投资的最高决策人。我国政府投资管理体制除了有明文规定的各种正式制度外，在决策上还存在着非正式的分管领导制度，由于分管领导在其管理范围内对系统干部的任免具有至关重要的作用，所辖行政系统内人员自然会听命于他，分管领导制度有着非常浓厚的集权特点，这一制度在保障性住房提供纯政府模式的重要环节决策中起着决定性的作用。

按照保障性住房的基本建设程序和政府投资项目审批管理制度，其投资建设决策的正常程序应当是：报建单位必须要提供可行性研究报告与项目建议书，对项目建设的必要性和依据、拟建地点、拟建规模、投资估算和资金筹措设想、经济效益和社会效益等进行详尽分析，还必须附有相关部门的评估结论。这些资料报送发改委后，要经过发改委相关专业处室的审批、调整和审查。通过之后才能获得投资许可证，进入建设环节。但由于这种非正式的分管领导制度的存在，保障性住房的投资建设决策变成了政府的行政决策，在行政决策系统中，职位越高具有的话语权也就越大，不但对系统内决策起到决定性作用，对系统外的政府职能部门也可以依靠话语权或者通过非正式的权力交换（打招呼）来施加影响。

同时，项目业主（区住宅开发办公室）的法人也是由政府任命。为完成项目 A 建设，区住宅开发办公室抽调办公室各部门工作人员成立工程部、配套部、设备材料部等三个临时部门，财务部门职能由财务科承担。专门抽调一名办公室副主任承担具体负责项目运作的项目经理职责，工程部、配套部、设备材料部等部门经理配合项目经理进行决策，但在项目的实际运作过程中，项目业主仅能在施工方案选择及工程签证这两个方面行使单独决策权，在其他的决策内容中，项目业主大多只是在承担执行者的角色，作为其上级主管部门（区建委）的一个下级单位，区住宅开发办公室的人事任命权由区建设党工委行使，服从上级主管部门的决定自然天经地义的事情。

在市场主体中，建造商主要具有协商权和建议权；设计院主要行使建议权和设计变更权；监理公司和咨询机构则主要行使审查权和建议权。

由此可以看出，在保障性住房提供的纯政府机制下，决策权配置完全是行政配置。

6.2.2 当前公私合作机制决策权配置构造特点

项目 B 决策权配置构造如表 6.8 所示。

表 6.8　　当前公私合作提供保障性住房机制下决策权配置构造表

序号	决策阶段	决策内容	政府部门		合作者	其他市场主体				权力部门
			住房保障中心	职能部门	房产企业	施工单位	设计院	监理单位	咨询单位	各级人大
1	准备阶段	项目立项	B	B					E	C
2		项目选址	B	B					E	C
3		房产企业选择	B	B						
4		监理单位选择	B	C						
5		土地划拨		A						C
6		规划方案	B	B	E		E			
7	运行阶段	相关证照办理	C	C	A					
8		筹融资	B	C	A					
9		设计单位选择	A		E					

续　表

序号	决策阶段	决策内容	政府部门		合作者	其他市场主体				权力部门
			住房保障中心	职能部门	房产企业	施工单位	设计院	监理单位	咨询单位	各级人大
10	运行阶段	施工单位选择	C	C	A		C	C		
11		材料选购	C	C	A			B		
12		施工方案	A		B	B		C		
13		进度控制	A		B	D		C		
14		质量控制	A		B	D		C		
15		设计变更	A		B	D	B	C		
16		工程款支付	A		B	D	C	C		
17		工程签证	A		B	D	E	C		
18		工程决算	A		B				E	
19	交付阶段	竣工交付	A	C	B					
20		合同约定履行	A	C	D					

注：A：单独决策权；B：共同决策权；C：审查权；D：协商权；E：建议权。

对比项目 A 决策权配置构造，项目 B 的决策权配置已趋于横向，但仍没有改变行政配置的特点。

首先，随着政府行政改革的推进，在前期准备阶段的各个环节，基本能够做到按照政府行政管理要求，依照法定程序，进行集体决策。同时在重点环节主动接受人大的监督。但在房产企业的选择环节，并非依靠市场，而往往通过行政指派的方式，由市属或区属国有房产企业承担建房者角色。

其次，在项目运行阶段，政府单独决策环节多而不当，同时赋予房产企业的决策权过少，决策权配置纵向特征明显，显示出政府仍具有较强的控制欲，这一方面暴露出政府管理理念的陈旧，仍受大政府无所不包理念的影响；另一方面说明管理机制的不当，政府做自身不擅长做的事，同时干涉合作伙伴做其擅长的事，只能造成效率的损失。这点从上海市住房保障事务中心的职能配置就可以看出。

上海市住房保障事务中心是上海市住房保障和房屋管理局的下属事业单位，其主要职能是提供保障性住房，其主要业务科室的职能分工如图 8.1 所示。

在图 6.1 中所示的四个主要业务科室中，建设科的人员最多，任务最重，其四项职能中的“进度推进”以及“质量审查”是当前住房保障中工作的重中之重。

可以看出，在当前保障性住房提供的公私合作机制中，相对于纯政府模式，决策权配

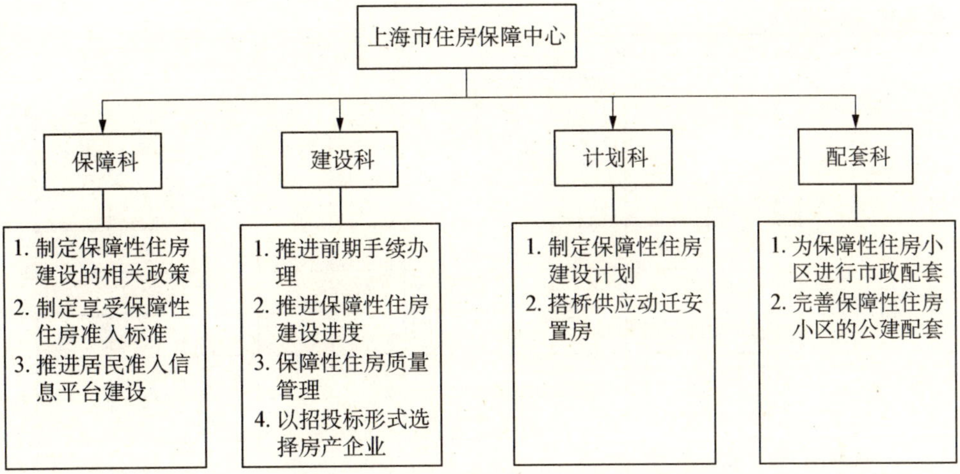

图 6.1　上海市住房保障中心核心职能图

置渐趋横向，但仍未改变其行政配置为主的纵向配置特征。

6.2.3　市场机制决策权配置构造特点

表 6.9 所示的市场机制下决策权配置构造，除去政府部门负有的监管职责外，各方行为均为市场行为，显示出较强的市场配置特征。

表 6.9　　市场机制下决策权配置构造表

序号	决策阶段	决策内容	行政主体			项目业主		市场主体			
			政府官员	职能部门	行业主管部门	项目经理	部门经理	建造商	设计院	监理单位	咨询单位
1	准备阶段	项目立项		C	C	A	E				E
2		项目选址		C	C	A	E		E		E
3		规划方案				A	E		E		
4	运行阶段	相关证照办理		C		A	E				E
5		筹融资				A	E			E	
6		设计单位选择				A	E				
7		施工单位选择				A	E				
8		监理单位选择				A	E				
9		材料选购				A	E			C	
10		施工方案				A	B	B	C	C	

续 表

序号	决策阶段	决策内容	行政主体			项目业主		市场主体			
			政府官员	职能部门	行业主管部门	项目经理	部门经理	建造商	设计院	监理单位	咨询单位
11	运行阶段	进度控制				A	E	D	D	C	
12		质量控制		C		A	E	D	E	C	
13		设计变更				A	E	D	B	C	
14		工程款支付		C		A	E	D	D		
15		工程签证				A	B		B	C	
16		工程决算				A	E	D			E
17	交付阶段	竣工交付		C		A	E				

注：A：单独决策权；B：共同决策权；C：审查权；D：协商权；E：建议权。

6.2.4 效率损失原因分析

根据系统原理，系统的结构决定系统的行为。项目的决策权构造影响项目主体的行为选择，从而影响到项目的效率。一方面，决策主体的性质影响到其行为选择；另一方面，决策权与风险、知识和能力的匹配程度影响到决策行为。

1. *决策主体性质*

保障性住房提供的纯政府机制与公私合作机制实质上均构成了政府委托下属职能部门或单位的委托—代理关系，这是一种行政委托—代理关系，即政府投资项目业主行政代理模式。由于政府官员本身也是纳税人（委托人）的代理人，所以无论是该系统中的分管领导、行业主管部门还是项目业主的项目经理、部门经理，其实都是行政代理人。由于代理人并不是该项目的真正所有者，代理人目标与项目的目标就会冲突。公共选择理论[123]认为，政府官员与其他市场主体一样，也是具有理性和私利的“经济人”，他们也具有自己的动机、愿望和偏好，他们同样追求自己利益的最大化。同样的人不可能仅仅因为从经济市场转入政治市场之后就由自私求利的自利者转变成为大公无私的利他者，政府官员作为单个的个人在政治市场上会对不同的决策规则和集体制度做出最有利于自己的反应。由于政府官员和市场的参与者都是出于私利而采取行动的，而政府官员一般具有某种垄断特权，此种特权可以“设租”，市场参与者会争相“租下”官员的垄断特权，即权力寻租。现实经济运营过程中出现的代理人“寻租”、腐败等诸多现象，是上述行政代理人追求个人利益最大化的直接体现。尼斯坎南

(Niskanen,1971)[53]提出了官僚预算最大化理论,即官僚是追求总预算规模最大化的。预算越大,官僚们的效用就越大。显然,官僚个体效用的增加是以社会总效用的损失和资源浪费为代价的。

由于保障性住房提供的纯政府模式中的投资决策权和项目管理权分别由政府官员和项目经理(也是政府官员)等行政代理人掌握,根据官僚预算最大化理论,不难理解为什么该项目会发生超支、超时的现象。同时,由于项目经理(行政代理人)直接与市场主体签订大量的经济合约,并有较大的决策权力,容易形成权力寻租的空间。项目业主的行政任命人事制度从根本上决定了项目业主决策主要是对上级政府和官员负责,不是对项目的综合效益负责。决策主要以政绩效应为导向,为实现足够政绩而做的决策必然包含较多的非理性成分,难以保证决策的科学性。更重要的是,只对上级官员负责的行政约束是一种软约束,难以形成有效的约束机制。这也是保障性住房提供纯政府机制低效的原因之一。

当前的公私合作机制化解了上述造成纯政府机制低效的因素,随着政府行政改革的推进,在前期准备阶段的各个环节,基本能够做到按照政府行政管理要求,依照法定程序,进行集体决策。同时在重点环节主动接受人大的监督。但在房产企业的选择环节,并非依靠市场,而是往往由市属或区属国有房产企业承担建房角色,尤其是在"大集团对口大基地"模式主导下,上海的保障性住房建设主要基地均由国有大型房产集团开发,行政指派意味过浓。房产企业作为决策主体之一,其行政选择产生的方式决定了它不可能成为政府的合作者,而只能是政府的附庸,从而导致在源头上就丧失了市场选择这一效率来源。

2. 决策权与风险、知识和能力的匹配

(1) 决策权配置与风险分担不匹配

从决策权配置与风险分担相匹配的原则来看,保障性住房提供纯政府机制的决策权配置存在较大问题。投资的决策者是政府官员,但政府官员并不是项目法人,当然不会对项目的后果负责;而项目法人只是项目的执行者,当然也不会对投资决策负责,造成政府决策没有责任人的状况,无法明确责任者,不可能也不允许对决策者、执行者追究责任。现行体制下,项目可行性研究和项目评估工作由项目主管部门或垄断性中介机构进行,项目法人在项目立项后才产生,这些参与保障性住房建设各环节决策的主体都无须承担相应责任和风险。

当前的公私合作机制亦存在问题。根据风险分担原则,项目实施阶段所产生的风险由房产企业承担,但政府在此阶段过多的介入,导致房产企业应当具有的决策权缺失,从而造成效率损失。

（2）决策权与知识信息不匹配

任何人都不可能拥有决策所需的所有知识，在保障性住房的提供过程中，政府单一的行政决策不可能完全保证提供效率。信息不对称将导致决策者无法全面、正确了解保障对象的真正需求并将其转换成项目决策依据，从而不可避免地出现“效率低下”、“面子工程”等现象。在表6.7与表6.8所示的纯政府模式与公私合作模式样本中，市场主体有建造商、设计院、监理公司、咨询机构（项目评估机构、工程造价咨询公司等）。其中，建造商应主要有协商权和建议权，但作为追求利益最大化的市场主体，其具有侵犯项目利益的主观偏好，为了实现这种偏好，建造商甚至会与业主行政代理人之间发生权力寻租行为，寻租行为的前提是“租”的存在，而保障性住房的纯政府提供模式与公私合作模式均符合这个前提。设计院主要对设计负责；监理人员具有对承包商施工环节的审查权和工程签证权；工程造价咨询公司为业主提供造价审计服务，对承包商的报价进行审核，具有审查权。审查权和信息不对称的存在，有可能在审查者与承包商之间发生“审计合谋”或“审计寻租”。一般来说，行政代理人权力寻租是其他主体权力寻租的导火索，因为一旦行政代理人寻租成功，他就失去了对其他主体进行监督的能力，从而使得其他主体可以旁若无人地违规。

从表6.7和表6.8中我们可以看出，保障性住房建设过程中的绝大部分决策由政府做出，但政府工作人员的知识结构决定了其对房地产开发的了解程度不可能十分深入，据统计，在上海建设一个住宅项目需要盖200多个政府部门公章，每个公章都代表着在房产开发中所必须具备的不同方面的知识；在保障性住房建设的整个过程中，项目业主必须要面对众多的市场主体，除样本中列出四个市场主体外，还必须要与水、电、煤、话、绿化等配套公司及各种材料的供货商打交道，由政府官员的职业所决定的知识能力不可能达到项目有效率运作的要求，这种信息不对称必然会导致政府官员与各个市场主体所签订的每一份合同、所做出的每一个决定都存在潜在的“道德风险”。政府工作人员对上需要接受各个层级领导的指令，对下需要分析下级部门所传递的众多信息，这些信息真正传递到决策者时可能已经发生扭曲，对外需要面对众多的市场主体，在如此庞杂的决策体系中，由于上述的种种原因，委托—代理关系中的“逆向选择”及“道德风险”的发生已成为必然，提供效率的损失也就不足为奇。

项目的决策权构造影响项目主体的行为选择，这种影响最终必然传导至项目的效率。

纯政府机制下，如表6.2所示的6项成本中，配套成本超预算4.4万元，比例为2.64%，配套成本中的大市政配套费用及电力配套费用为市政府确定的统一价格，其余均为市场定价，预算中的标准单价是根据市场平均价测算得到，但对于具体项目而言，项目业主的谈判能力决定了最终需支付的价格。通常的观点认为，由于各个配套公司提供的配套产品带有一定的公共物品性质，各配套公司本身就是由政府部门演化而来，配套公司与政府部门之间存在千丝万缕的联系，政府部门对配套公司应当有较强的议价能力，但事实是，在项目A的配套成本中，除去大市政配套费及电力配套费，其余成本超预算比例达到18.5％；前期费用超预算1.9万元，比例为10.5％，除由政府统一定价的请照手续费外，其余各分项均超预算；工程建设成本超预算92.6万元，比例高达24.07％，由于前述的纯政府模式决策权与责任及知识信息的不匹配，造成本项目工程建造商在施工方案、质量控制、设计变更、工程签证、工程决算等决策内容上均拥有共同决策权，在与政府部门的交易中占据主导地位，拥有强势议价能力，最终致使项目预算失控、效率损失，施工单位在工程进度上拥有共同决策权，与监理单位合谋歪曲项目实际建造情况，多次进行增加工程量的设计变更，不但额外增加了工程建造成本，而且造成工期延误，致使项目建造效率进一步损失；间接费用超预算25.9万元，比例为28.12％，项目开发过程中所发生的业务招待费、公关费等均可从间接费用中的管理费及不可预计费中列支，这些费用的失控是造成间接费用上升的直接原因。一般观点认为，类似业务招待费、公关费等大部分用来应付政府部门，项目A的业主方为政府部门，在与相关政府部门打交道方面应当具有先天的优势，但事实是，项目A甚至成为政府部门之间联络感情的桥梁，各类招待费、公关费用均从中列支，致使该部分费用严重超支。

当前的公私合作机制下，对比纯政府机制，尽管部分问题得到了解决，但如表6.4所示的管理费用超支7.88％、土建安装费用合计超支1.62％，原因就在于政府部门对自己所不擅长的项目管理事项横加干涉，一方面干扰房产企业的正常安排，另一方面打击了房产企业的积极性及创新精神，从而造成效率损失。同时，这种没必要的工作量增加了政府部门的监管成本，从而进一步降低提供效率。

作为比较，项目C的业主属于市场化主体，既是项目的所有者，又是项目管理者，因此有较强的自我约束机制。业主具有所有决策权力，同时承担所有决策风险，真正履行“谁投资，谁决策，谁受益，谁承担风险”。由于决策权与责任匹配，所以存在自我约束，一般表现为预算控制好，投资收益高。在私人决策中，人的收益和成本是紧密联系在一起的，一般不存在搭便车等机会主义行为。而公共决策中收益和成本是可以分开的，从而存在普遍的道德风险。私人决策的委托—代理问题要受到市场的严厉约束，公共决策则没有这种约束。

6.3 结论与政策建议

6.3.1 结论

保障性住房提供中公私合作机制的决策权配置具有独特的构造，决策权配置构造与提供效率之间存在密切相关性，决策权配置构造是决定保障性住房提供效率的关键因素。在保障性住房提供的公私合作机制的 4 个子机制中，激励机制、监督机制、风险分担机制均围绕决策权配置机制，为形成合理的决策权配置机制而服务。

其中，决策权与风险、知识和能力不匹配极大地影响了决策主体的行为，从而进一步影响提供效率。政府单一主体强势主导下的决策权配置格局，会带来巨大的社会成本。政府越俎代庖行使决策权，会干扰正常的决策行为，从而降低保障性住房的提供效率。理想的决策权配置构造是：公私双方的决策权与其风险承担、知识结构、能力优势相匹配，使公私双方能够最大限度的发挥自己的优势，同时能够最大限度克制自身劣势，形成互补。

6.3.2 政策建议

针对当前公私合作机制决策权配置中存在的问题，结合上述结论，提出如下政策建议：

1. 改革当前“大集团对口大基地”的保障性住房提供模式，房产企业交由市场选择

上海“两个一千万”建设时期尚采用招投标方式选择房产企业，对比之下，“大集团对口大基地”模式几乎是历史的倒退，似乎回到了 20 世纪 70 年代末大规模居住区建设时期，该模式初衷是选择有实力的大公司承担保障性住房提供的责任，但房产企业作为决策主体之一，其行政选择产生的方式决定了它不可能成为政府的合作者，而只能是政府的附庸，从而导致在源头上就丧失了市场选择这一效率来源。因此这一模式亟待改革，应当把房产企业的选择权交由市场，采用公开招投标的方式进行，并以合同形式明确约定公私双方的权、责、利。

2. 改变住房保障中心职能，将政府工作重心由建设管理转移至合作管理

政府在项目实施阶段过多介入，决策权配置与风险、知识和能力不匹配，是造成当前

保障性住房效率损失的主要原因。因此，应当改变目前现状，将项目实施阶段的决策权交还房产企业，住房保障中心的工作中心转移至合作管理，按照合同约定事项行使自身权力。改变在项目运行环节拥有单独决策权的现状，在项目实施阶段主要行使审查权。建议将住房保障中心下属建设科改组为合同管理科，具体行使审查职能。

07

第 7 章 保障性住房提供效果的实证研究

7.1 顾客满意度理论研究现状
7.2 保障对象满意度实证研究
7.3 政策建议

本书以保障对象满意度衡量保障性住房的提供效果，将顾客满意度理论应用在保障性住房的提供效果测评方面，采用问卷调查的方式获得基础数据，通过对保障对象满意度进行测评，研究保障对象满意度与保障性住房特征变量之间的关系，从而对保障对象参与机制理论模型的合理性进行验证。

7.1 顾客满意度理论研究现状

1802 年，英国的 Bentham 就提出了关于用户满意的问题，1985 年，顾客满意度理论首先由美国学者正式提出，其后迅速在经济发达国家得到广泛应用[124]。1989 年，美国密歇根大学商学院质量研究中心费耐尔（Fornell）博士总结理论研究成果，提出把顾客期望、购买后感知、购买价格等多方面因素组成一个计量逻辑模型，即费耐尔模型。以此模型运用偏微分最小二次方求解所得出的指数，就是顾客满意度指数（Customer Satisfaction Index，简称 CSI）[125]。费耐尔博士的研究成果是迄今为止最成熟和运用最广的顾客满意度指数理论。在 CSI 测量模型中，吸取了成熟的抽样调查和统计理论，人们可以利用这一模型展开对顾客满意度形成要素的调查，预测关键要素改进对提高顾客满意度的效果。自费耐尔博士提出顾客满意度指数以来，以市场导向、结果导向和顾客导向为基本特征的新公共管理运动，越来越多地把 CSI 引入到政府绩效测评考核之中。1936 年，美国行政管理学家迪莫克甚至提出："顾客满意标准在政府运作过程中的运用应当与在企业中应用一样广泛，如果行政官员能够像企业管理者那样始终关注最终结果，即顾客满意度，那么内部行政运作亟须改革以改善服务就不言自明了。"[126]

我国顾客满意度指数（CCSI）测评体系建构起步较晚，目前在消费者对市场产品质量和服务评价领域应用较多[124]。近年来，顾客满意度理论在我国公共品供给绩效评价研究领域得到了越来越广泛的应用，不少学者将这一理论引入政府绩效评估的研究之中。徐友浩、吴延兵运用顾客满意度研究方法对政府管理部门绩效评估进行了案例分析，论证了顾客满意度评估政府绩效的特点和可行性[127]。张劲松、涂益杰在县级政府能力绩效评估中，把公众当成顾客引入"顾客满意程度"评价方法，评价县级行政组织管理绩效[128]。刘武、杨雪讨论了政府公共服务的顾客满意度测量方法，提出适当采取公共服务满意度自下而上的评估测量方式，以推动政府公共服务全面质量管理的顾客导向[129]。曾莉认为，以公众满意度为导向评议政府绩效是构建现代高效型政府的必然要求[130]。俞明南、王艳耘、张彦聪等对如何在政府部门建立顾客满意度评估体系作了深入研究[131]。他们认为，顾客满意度具有有限性和多层次性的特点。因此，有必要建立专门评估小组对顾客满意度进行评估，并针对评估结果建立完善的反馈系统和监督机制。李燕凌应用顾客满意度理论对农村公共品的提供进行了实证研究[124]。据笔者检索，至目前为止，国内尚未有学者应用顾客满意度理论测评保障性住房的提供效果。

7.2 保障对象满意度实证研究

7.2.1 保障对象满意度影响因素分析

本书借鉴商品住宅领域的住宅用户满意度理论以构建保障对象满意度测评体系的基本框架。

通过对现有文献的回顾，可以发现以往住宅用户满意度研究多数集中在住宅的大小、质量、邻里关系、个体特征及感知价格对住户满意度的影响（Baillie and Peart，1992[132]；Bonnes et al，1991[133]；Galsteer and Hesseer，1981[134]；Ha and Weber，1991[135]；Marans and Rogers，1975[136]）。根据相关文献，住宅特征一般分为三大类[137]：即建筑特征（Structure Characteristic）、邻里特征（Neighborhood Characteristic）、区位特征（Location Characteristic）。本书初步将三方面住宅特征及感知价格作为测评保障对象满意度的结构变量（维度），通过逐一分析，得到适合保障对象满意度测评的结构变量。

1. 建筑特征

指保障性住房的自身条件，如面积、质量、楼层、通风采光情况等。保障对象对建筑特征评判，主要通过直接或间接的信息收集，评价预期的保障性住房是否满足自己的最基本生理要求。面积显然是其中的一项重要因素，Spear（1974）[138]对罗得岛 724 户居民住宅满意度调查中发现，在测量对住宅和区位满意的各项指标中，住宅面积是重要的指标。对保障性住房而言,合适的人均居住面积是保障对象体面生活的重要保障。但面积显然并不是唯一的因素,因为即便是对低收入群体而言,为他们提供的住房也必须同时满足法律条文所规定的通风、采光的要求,这是他们基本的生理要求。同时有必要为他们提供独立的卫生和厨房设施,曾有经济学家提出保障性住房不设独立的卫生间,本意是考虑到保障对象的流动性,不设独立卫生间可以促进有能力退出保障范围的对象尽早退出,就这点而言本是无可厚非。但同时也必须考虑到,保障性住房本身和商品房在一定条件下也存在互换关系,经适房 5 年后可以上市交易,即转变为商品房,如果不配置独立煤卫设施,必然发展成为城市新型贫民窟,若干年后又是城市旧改的对象,造成社会资源的大量损失。

2. 邻里特征

"邻里"是近代城市规划理论中形成的一个重要概念。根据国外学者对邻里特征的研究,邻里特征包括小区环境、周边的商业配套、教育配套情况等,可细分为社会经济变量、公共服务设施和外部性变量三个方面。

一是社会经济变量(Garrod and Willis, 1992)[139]。包括小区内的社会阶层分布、小区居民的职业特性等,Richardson(1974)[140]等发现,社会阶层因素对房价有正面影响,社会阶层越高,房价越高。对保障性住房小区而言,由于是针对特定群体提供的一项公共服务,其社会经济变量可视为常数。

二是公共服务设施(Clauretie and Neill, 2000[141]; Jud and Watts[142], 1981; Kain and Quigley, 1970[143])。包括医疗服务设施(医院)、教育配套设施(学校)、商业配套设施(超市)等。

对商品住宅而言,大量研究均证实[137],住宅周边公共服务设施配置是房价的重要决定因素之一。对保障性住房而言,公共服务设施是否齐全,决定着保障对象的生活成本,应当构成影响保障对象满意度的一个因素。

三是外部性。如环境外部效益,交通噪声等。

Tyrwainen(1997)[144]对环境的外部效益进行了实证研究,包括令人愉悦的风景、没有受到污染的空气以及安静的氛围等可以提升住宅价格。

3. 区位特征

区位特征是从整个城市范围的角度进行评价,它不仅仅是指住宅在城市区域(空间)中坐落的地理位置,而且也包括由该位置出行的便利程度(通达性)[137]。就保障性住房而言,可通过以保障性住房坐落的地理位置为基点进行工作、学习和生活等出行活动所需的交通成本来进行衡量,因由区位特征所决定的交通成本占据保障对象日常开销的较大部分,因此把其作为保障对象满意度衡量的一个因素。

4. 价格特征

在商品市场中，从消费者的认知观点来看，价格是为了获得一项产品或服务所必须放弃或牺牲的(Zeithml, 1988)[145]，如果消费者感知价格高于实际价格，则能为其带来更大的满足感，反之则满足感降低。但保障性住房作为政府提供的一项公共服务，价格明显低于同类型商品住宅，已不再是其市场价值的体现，而仅成为享受公共服务的门槛。因此，感知价格不再是保障对象满意度的决定因素。但几乎可以肯定是，保障性住房与周边商品住房的单价差异越大，保障对象的满意度就会越高。同时，保障性住房的价格必须在保障对象的承受范围内。否则，即便远低于周边房价，也会因保障对象不能承受而造成"用脚投票"的事实。因此，将价格特征作为衡量满意度的一个维度，包含三个因素，一个即为与周边商品住宅的单价差，另一个是房屋总价，最后是结合保障对象实际积蓄和收入状况的价格可承受性。

通过以上分析，可以初步得出可能会对保障对象满意度产生影响的四个维度，以及四个维度下的特征变量，综合形成表 7.1 所示的保障对象满意度评价特征变量体系。

表 7.1　保障性住房满意度评价特征变量体系

第一层次	第二层次	第三层次			
保障对象满意度	建筑特征 AC	面积 AC1	质量 AC2	户型结构 AC3	采光通风 AC4
		朝向 AC5	楼层 AC6	水电煤配套 AC7	
	邻里特征 NC	医疗 NC1	教育 NC2	商业网点 NC3	餐饮 NC4
		文化娱乐 NC5	绿化水平 NC6	空气质量 NC7	噪声 NC8
	区位特征 LC	居住地点交通便利性 LC1	交通成本 LC2	出行时间 LC3	距地铁距离 LC4
		距公交车站距离 LC5	距商业区距离 LC6	距市中心距离 LC7	
	价格特征 PC	与周边商品住宅的单价差 PC1	房屋总价 PC2	价格可接受性 PC3	

7.2.2 理论研究与数据处理方法

1. 理论方法

在保障性住房提供效果评价中使用"满意度"评价方法(简称 CSI 方法)，是通过合理设计调查问卷，以促使被调查者真实表达其意愿的调查方法。CSI 方法有两个基本假设：一是被调查者的各种回答结果都是有可能的，各种评价结果的概率分布满足累积正态分布函数假设的条件；二是可以通过调查问卷的合理设计，消除被调查者评价中策略行为的影响。大量的经验研究表明,CSI 方法中问题假设的设计会大大减少人们的策略性回答,策略性行为对 CSI 方法的影响并不很大[146]。应用 CSI 方法由保障对象来评价保障性住房提供的效果,问卷需要设计得既简明扼要,又能比较全面客观地反映保障性住房提供实际的评价指标,其中的问题设计十分重要。应用 CSI 方法对保障性住房提供进行满意度调查分析,有以下基本假设:①保障性住房的提供效果是保障对象能够感觉和感知的。②保障对象享受保障性住房带来的多种满意,他们可以区分每种满意的程度。这一假设的含义是,通过问题设计,使得被评价的保障性住房的各个维度是相互独立的,不存在某种效果与另一种效果发生交互影响的问题。③保障对象可以自由地、完整地表达自己的判断。即通过合理设计问题,使策略性行为对 CSI 方法的影响并不很大。假设③可以进一步作如下规范的表述,即保障对象对各种问题的回答符合累积正态分布函数假设条件。

本书应用 CSI 方法分析保障对象对保障性住房提供效果的满意度评价结果,采取如下技术路线:

首先,为了满足假设条件①,我们将评价对象限为符合上海经济适用房试点的初选对象,尽管他们未真正入住,但由于保障对象的最终确定须经历初审、复审等环节,有一个较长的过程,上海经适房试点保障对象初步确定时间为 2009 年 12 月,最终确定时间为 2010 年 7 月 7 日,时间间隔 7 个月,在这段时间内,保障对象出于自身利益考虑,必然会对保障性住房进行全方位的细致考察。而且,一旦进入保障范围,就意味着保障对象必须出钱购买经适房,按照经适房不得出租的相关要求,同时意味着保障对象必须入住,因此我们认为,保障对象对保障性住房的感知是真实的。

其次,为满足条件②的要求,在问卷中仅仅要求保障对象对保障性住房某一方面特征的感知给出一个总的评价。我们的设计是,通过了解保障对象享受保障性住房的特征变量(如表 7.1 所示),从而建立这些特征变量与保障对象对保障性住房提供效果的满意度的相关分析,来判断各种特征变量对保障对象满意度的影响。

本书将保障对象的评价结果分为 7 个等级。对于保障性住房各特征变量的评价,保障对象只要说出最后感觉的等级即可。由保障对象在相对较少的数字之间进行选择,并且这些数字有明确的界限,例如"1"表示很不满意;"2"表示较不满意;"3"表示不满意;"4"表示满意;"5"表示较满意;"6"表示很满意;"7"表示非常满意。这样,通过问题设计和界定明确的答案标准,我们在调查中既给保障对象明确的等级界定,又可让他们有较宽松的选择余地。

最后,为了保证假设条件③成立,本书在调查设计中要求:第一,在设计调查问卷时,加入筛选性问题;第二,采用匿名评价;第三,在调查员清晰说明调查意图之后,街道陪同调查的工作人员离开评价现场。此外，调查表中对各类问题的设计是最关键的。由于每个问题只涉及保障对象对保障性住房某一特征变量的总体评价，这就大大减少了保障对象评价的困难。通过保障对象客观反映其满意度与保障性住房特征变量之间的联系，满足了我们运用这些特征变量判断保障对象评价结果影响因素的目的。

概括地讲，本书研究的问题，是一个多元变量对一个概率分布函数的回归分析问题。即利用保障性住房的多项特征变量，对保障对象满意度评价可能发生概率的回归分析。

2. 数据处理方法

研究变量的测量采用问卷调查的实证研究方法。为了保证变量测量的信效度和测量数据的有效性，主要采用 a 信度系数法和结构方程模型(SEM)中的测量模型来进行检验。结构方程模型可以分成测量模型(Measure model)、路径模型(Path model)、全模型(Full model)和均值结构模型(Model with Mean Structures)等四类[147]。测量模型是 SEM 最基础的测量部分，反应观察变量与潜在变量之间的关系。所谓潜在变量反应的是研究者所关心，但无法直接观察的现象或假设性概念，可以找一些可观察的变量(Observed variables)作为这些潜在变量的“标识”(Indicators)，通过验证性因素分析(Confirmatory factor analysis: CFA)，间接分析“潜在变量”之间的关系[148]，用以检验假设性概念的有效化(Construct validation)[149]。因此，测量模型的主要用途是通过验证性因分析来帮助检验设计的假设。同时，结构方程模型提供了多种适配度指标，应该慎重的参考多个不同类型而且性质稳定的指数报告多项测量结果(Bollen，1989)[150]。本书采用的主要检验指标如下：

① α 信度系数：分析测量项目的一致性，多数学者(Bock 等，2005；Nunnally，1978)认为 0.7 是一个较为合适的标准阀值[151]，同时删除条目的 α 信度的信度系数可以作为删除条款的依据(刘怀伟，2003)[152]。

② 卡方检验指标(χ^2、χ^2/df)：卡方检验代表观察矩阵与理论估计矩阵之间是否适配，理论认为当卡方检验 P 值大于 $\alpha=0.5$ 时，代表理论模式与实际资料适配。黄芳铭(2005)发现，卡方检验与样本数相当敏感，样本量越大，越能导致理论模式被拒绝[153]。研究表明[154]卡方检验优于 Hu 和 Bentler 推荐的指数(至少在正态情形如此)，卡方准则可以列入优秀指数准则之一，卡方准则的显著性水平是：$N=150$ 时 $\alpha=0.01$，除了 $N=150$ 外，取 $\alpha=0.0005$ 是最好的，如果 $N\geqslant500$，取 $\alpha=0.0001$ 甚至更好(温忠麟，侯杰泰等，2004)。因此本书认为 $P>\alpha=0.0001$ 时，模型具有良好的适配，而 $P>\alpha=0.0005$ 时，模型具有严格的适配。为了减少样本规模对拟合检验的影响，多数学者建议采用卡方自由度(χ^2/df)指标，通常认为卡方自由度之比小于 2 时，则可以认为模型拟合较好，但

也有学者认为卡方自由度之比小于 5 时，模型也可以接受[154]。

③ 绝对拟合度指标(GFI、RMSEA)：它们直接评估假设模型与样本数据的拟合程度。GFI 为契合度指标(Goodness-of-fit Index)，类似于回归分析中的可解释变异量 R2[155]，表示假设模型可以解释观察资料的变异数与共变数的比例，它是小于 1 的比值，越接近 1 表示模型的契合度越高。GFI 可以显示整体适配的程度，但是受到样本大小的影响(黄方铭，2005)[153]。Bagozzi 和 Yi(1988)认为[156]，GFI 大于 0.9 时，模型就可以接受；Bollen 和 Long(1993)则认为，GFI 应提高到 0.92 以上[157]。RMSEA 为平均"概似"平方误根系数(Root Mean Square error of Approximation)，是 1980 年由 Steiger 和 Lind 提出的，主要用来比较假设模型与完美契合的饱和模型(Saturated model)之间的差异程度，值越大表示模型越不理想。与 RMR(残差均方和平方根)相比，RMSEA 受 N 的影响较小，对参数过少的误设模型还稍微敏感些[158]。RMSEA 是比较理想的指数，有专家(Mcdonald R P 等，2002)建议 RMSEA 值应小于 0.05。一般而言，RMSEA 低于 0.1 表示好的拟合，低于 0.05 表示非常好的拟合，低于 0.01 表示非常出色的拟合[159]。由于 RMSEA 可以摆脱样本大小的困扰，并且它具有反应假设模型与中央卡方分配的离散性特征，因此近年来 RMSEA 指标倍受研究者接受[160]。

④ 增值(相对)拟合度指标(AGFI、NFI、IFI)：AGFI 为调整拟合度指标(Adjusted GFI)，类似于回归分析中的调整后可解释变异量(Adjusted R2)，AGFI 数值越大，模型的契合度越高。由于 GFI 受到样本大小的影响[152]，有研究者利用自由度和变量的个数来调整 GFI，由此产生 AGFI。AGFI 的判断标准与 GFI 一致，大于 0.9 时模型可以接受[153]，更严格地说应提高到 0.92 以上[157]。NFI 为规范拟合度指数(normed fit index)，它反应假设模型与一个观察变量之间没有任何共变假设的独立模型的差异程度[161]。IFI 为增量拟合度指数(Incremental Fit Index)，主要用来处理 NNFI 波动的问题以及样本大小对于 NFI 指数的影响。一般 NFI 和 IFI 的值都介于 0 到 1 之间，数值越大表示拟合度越佳，同样这些指标大于 0.90 才能视为模型具有理想的拟合度[162]。

⑤ 比较拟合度指标(CFI)：CFI 为比较拟合指数(Comparative Fit Index)，反应假设模型与无任何共变关系的独立模型差异程度的量数。Bentler(1990)用模拟的方法考察 CFI 的结果发现，CFI 的 SD(标准差)比其他一些指数都小，因而觉得 CFI 指标较好[163]。一般 CFI 以 0.95 为临界值[163]。

⑥ 估计系数显著性检验：所有待估系数应满足 $P<\alpha=0.05$ 时，具有显著性。

综合上面分析，将上面的检验指标归纳如表 7.2 所示。

表 7.2 本书采用的检验指标归纳

检验指标	建议值
α 信度系数	大于 0.7
卡方检验 P 值	大于 0.000 1,大于 0.000 5 更佳
χ^2/df	小于 5,小于 2 更佳
GFI	大于 0.9,大于 0.92 更佳
RMSEA	小于 0.1,小于 0.05 更佳
AGFI	大于 0.9,大于 0.92 更佳
NFI	大于 0.9
IFI	大于 0.9(有可能大于 1,越接近 1 越好)
CFI	大于 0.9
估计系数显著性检验 P 值	小于 0.05

变量检验所用的统计工具主要有 SPSS、AMOS。首先,根据特征变量的测量,得到研究对象样本数据。SPSS 用于数据样本描述统计分析、对变量指标的信度分析等内容。AMOS 用以对测量变量进行验证性因子分析,对测量变量的信效度进行检验。

7.2.3 数据收集和样本描述

1. 数据收集

2010 年 4 月至 6 月近三个月的时间里,笔者联合上海市某住房保障中心,对上海市某区符合经适房试点初审条件的 531 户居民进行问卷调查。共发放问卷 531 份,收回问卷 427 份。收回问卷后将不符合要求的问卷进行删除,剔除问卷的标准主要有三个:①剔出问卷填答不完整、研究变量中含漏填项者;②检查填答者是否认真填写问卷,对所有测量项目或者大多数测量项目打分一致的问卷予以删除;③问卷中中间值“4”的选择过多的予以删除。剔除无效问卷后,得到有效样本数为 386 份,有效率为 90.4%。

2. 样本描述

从个体样本分布来看(表 7.3),由于政府划定统一的经适房保障对象进入门槛,所以调查对象的经济状况、住房水平大致相同。家庭人均财产以 7 万元为上限,在划分的五个档次中,人数分布较为平均;家庭人均月收入以 2 300 元为上限,其中 1 000 元以上占 93.2%;家庭人均居住面积以 15 平方米为上限,其中 5 平方米以上占 83.6%;调查对象年龄结构中,40 岁以上共 348 人,占总数的 90.2%;工作单位分布来看,在企业中工作的占据大多数,共 276 人,占总数的 71.5%。

表 7.3　　个体样本基本信息描述统计

变量	类型	数量	百分比
性别	男	215	55.7%
	女	171	44.3%
年龄	≤30 岁	3	0.8%
	30—40 岁	35	9.1%
	40—50 岁	126	32.6%
	50—60 岁	157	40.7%
	60 岁以上	65	16.8%
家庭人均月收入	425—1 000 元	38	6.8%
	1 000—1 500 元	145	28.6%
	1 500—2 300 元	203	48.6%

变量	类型	数量	百分比
单位	党政机关	0	0.0%
	事业单位	0	0.0%
	国有企业	89	23.1%
	合资外资	0	0.0%
	民营私营	187	48.4%
	下岗	84	21.8%
	其他	26	6.7%
家庭人均财产	≤3 万元	79	20.5%
	3 万—4 万元	71	18.4%
	4 万—5 万元	79	20.5%
	5 万—6 万元	83	21.5%
	6 万—7 万元	74	19.2%
家庭人均居住面积	≤5 m^2	67	17.4%
	5—10 m^2	210	54.4%
	10—15 m^2	109	28.2%

7.2.4 测量变量信效度分析

各个量表测量的总体效果如何，需要对整个量表进行信效度分析。

Cronbach'a 一致性系数是最常用的检验信度的方法，反映的是各测量指标的内部一致性程度，即指标的同质性。对于分量表，其信度系数最好在 0.70 以上；如果在 0.60—0.70 之间，为可以接受水平；如果分量表的内部一致性系数在 0.6 以下，则应该考虑重新修订量表或删减指标[153]。通过删除 α 系数值可以对测量要素的测量指标的一致性进行检验，以确定要素有效的测量条款。

对效度的检验主要是检验量表的构念效度(constructive validity)，是指实际测评的结果与所建立的理论构念的一致性程度。当以问卷题目或其他观察变量测量潜变量的时候，已经假设了以哪些观察变量来测量潜变量，这时就可以用验证性因子分析(confirmatory factor analysis，简称 CFA)判断观察变量与潜变量之间的假设关系是否与数据吻合，即验证量表获得的数据是否能够很好的拟合该构念的理论模型，即测量其聚合效度。CFA 具有很多优点：可以同时考虑和处理多个因变量；容许因变量和自变量含有测量误差；容许潜在变量由多个观察指标构成，并可同时估计各指标的信度和效度；允许一个观察指标同时从属于两个潜在变量；可以设计出潜变量之间的关系，并估计整个模型与数据的拟合程度等。因此，运用CFA进行聚合效度检验具有优势。

本书将采用内部一致性系数指标来判断与检验信度水平，采用验证性因子分析来检验各个量表的效度水平。

1. 建筑特征变量信效度分析

(1) 信度分析

在文献分析的基础上，明晰了本书的理论构建，确定出建筑特征变量的测量要素(见表7.1)。根据理论构建，建筑特征变量共包括7个测量条款：建筑面积、建筑质量、户型结构、采光通风、房屋朝向、所处楼层、水电煤配套，对建筑特征要素的测量条款信度分析如表7.4所示。

表7.4　建筑特征要素测量条款信度及回归系数

		删除α值	整体α值	标准误差	标准化回归系数	P
AC1	建筑面积	0.898	0.908		.724	
AC2	建筑质量	0.894		.067	.762	***
AC3	户型结构	0.889		.065	.814	***
AC4	采光通风	0.893		.073	.769	***
AC5	房屋朝向	0.887		.068	.832	***
AC6	所处楼层	0.891		.062	.795	***
AC7	水电煤配套	0.904		.065	.670	***

从表7.4来看，建筑特征变量的整体信度较高，7个测量条款的α值达到了0.908，而且7个条款的任一删除α值均没有高过整体α值，因此整体信度系数0.908>0.70，具有良好的内部一致性，满足了信度水平的要求。

(2) 效度分析

对386份样本运用验证性因子分析进行测量效度检验。根据理论分析和本书的理论构建，建筑特征变量为单维变量，因此这里构建单维模型对建筑特征变量进行验证性因子分析，以检验其测量效度。

- 单维模型，假设问卷中的所有题项都属于一个维度，建筑特征变量是一个单维的构念

假设模型拟合指标值如表7.5所示。可以看出，单维模型能够较好地拟合测量数据。因此，单维模型具有良好的测量效度。建筑特征变量单维模型路径如图7.1

所示。

表 7.5　　　　建筑特征模型的拟合指标

	χ^2	df	χ^2/df	GFI	RMSEA	AGFI	NFI	IFI	CFI
单维模型	65.2	14	4.657	0.951	0.097	0.901	0.958	0.967	0.967

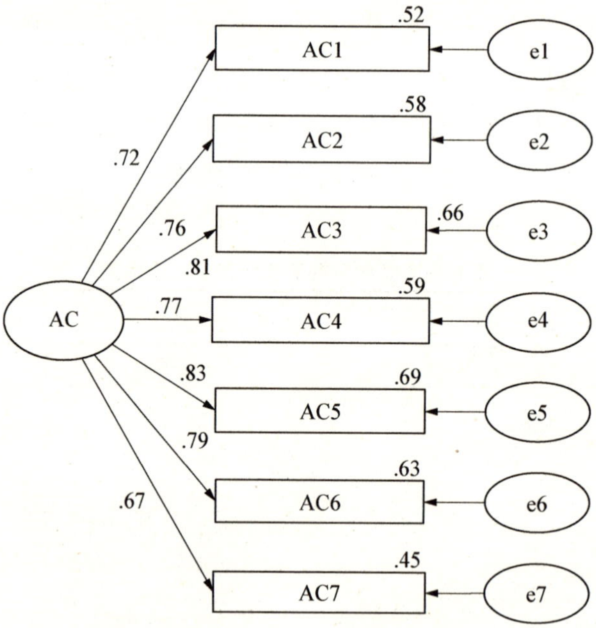

自由度 = 14；卡方值 = 65.2（p = 0.000）；χ^2/df = 4.657；
GFI = 0.951；$AGFI$ = 0.901；$RMSEA$ = 0.097；
NFI = 0.958；IFI = 0.967；CFI = 0.967

图 7.1　建筑特征单维模型验证性分析

2. 邻里特征变量信效度分析

(1) 信度分析

在文献分析的基础上，明晰了本书的理论构建，确定出邻里特征变量的测量要素（见表 7.1）。根据理论构建，邻里特征变量共包括 8 个测量条款：医疗配套、教育配套、商业网点、餐饮、文化娱乐、绿化水平、空气质量、噪音，对邻里特征要素的测量条款信度分析如表 7.6 所示。

表 7.6　　邻里特征要素测量条款信度及回归系数

		删除 α 值	整体 α 值	标准误差	标准化回归系数	P
NC1	医疗配套	0.863	0.877		.690	
NC2	教育配套	0.862		.073	.703	***
NC3	商业网点配套	0.856		.075	.757	***
NC4	餐饮配套	0.860		.075	.704	***
NC5	文化娱乐配套	0.863		.076	.690	***
NC6	绿化水平	0.864		.075	.662	***
NC7	空气质量	0.866		.070	.635	***
NC8	噪声	0.864		.072	.659	***

从表 7.6 来看，邻里特征变量的整体信度较高，8 个测量条款的 α 值达到了 0.877，而且 8 个条款的删除 α 值均没有高过整体 α 值，因此整体信度系数 0.877＞0.70，具有良好的内部一致性，较好地满足了信度水平的要求。

(2) 效度分析

对 386 份样本运用验证性因子分析进行测量效度检验。根据理论分析和本书的理论构建，邻里特征变量为单维变量，因此这里构建单维模型对邻里特征变量进行验证性因子分析，以检验其测量效度。

- 单维模型，假设问卷中的所有题项都属于一个维度，邻里特征变量是一个单维的概念

假设模型拟合指标值如表 7.7 所示。可以看出，单维模型能够基本拟合测量数据，经过修正后的单维模型拟合效果更好。因此，单维模型具有良好的测量效度。邻里特征变量单维模型路径如图 7.2 所示。

表 7.7　　邻里特征模型的拟合指标

	χ^2	df	χ^2/df	GFI	RMSEA	AGFI	NFI	IFI	CFI
单维模型	155.2	20	7.76	0.908	0.133	0.834	0.883	0.897	0.896
单维模型(修正)	81.898	17	4.818	0.950	0.100	0.893	0.938	0.951	0.950

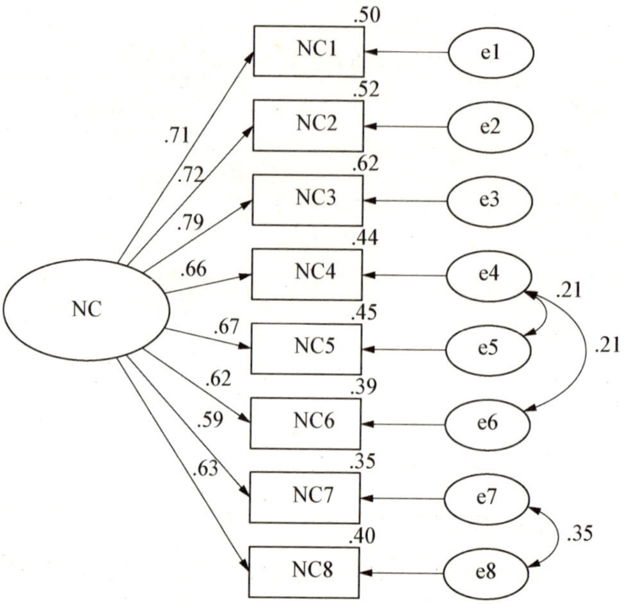

自由度 = 17;卡方值 = 81.898(p = 0.000); χ^2/df = 4.818;
GFI = 0.950; *AGFI* = 0.893; *RMSEA* = 0.100;
NFI = 0.938; *IFI* = 0.951; *CFI* = 0.950

图 7.2 邻里特征单维模型验证性分析

3. 区位特征变量信效度分析

(1) 信度分析

在文献分析的基础上,明晰了本书的理论构建,确定出区位特征变量的测量要素(表 7.1)。根据理论构建,区位特征变量共包括 7 个测量条款:居住点交通便利性、交通成本、出行时间、距地铁距离、距公交车站距离、距商业区距离、距市中心距离,对区位特征要素的测量条款信度分析如表 7.8 所示。

表 7.8 区位特征要素测量条款信度及回归系数

		删除 α 值	整体 α 值	标准误差	标准化回归系数	P
LC1	居住点交通便利性	0.912			.805	
LC2	交通成本	0.910		0.058	.817	***
LC3	出行时间	0.915		0.057	.772	***
LC4	距地铁距离	0.909	0.924	0.054	.834	***
LC5	距公交站点距离	0.913		0.058	.785	***
LC6	距商业区距离	0.910		0.053	.815	***
LC7	距市中心距离	0.916		0.059	.751	***

从表 7.8 来看，区位特征变量的整体信度较高，8 个测量条款的 α 值达到了 0.924，而且 8 个条款的删除 α 值均没有高过整体 α 值，因此整体信度系数 $0.924>0.70$，具有良好的内部一致性，较好地满足了信度水平的要求。

（2）效度分析

对 386 份样本运用验证性因子分析进行测量效度检验。根据理论分析和本书的理论构建，区位特征变量为单维变量，因此这里构建单维模型对区位特征变量进行验证性因子分析，以检验其测量效度。

- 单维模型，假设问卷中的所有题项都属于一个维度，区位特征变量是一个单维的构念

假设模型拟合指标值如表 7.9 所示。可以看出，单维模型能够较好地拟合测量数据。因此，单维模型具有良好的测量效度。区位特征变量单维模型路径如图 7.3 所示。

表 7.9　　区位特征模型的拟合指标

	χ^2	df	χ^2/df	GFI	RMSEA	AGFI	NFI	IFI	CFI
单维模型	14	78.237	5.588	0.946	0.109	0.891	0.957	0.935	0.964

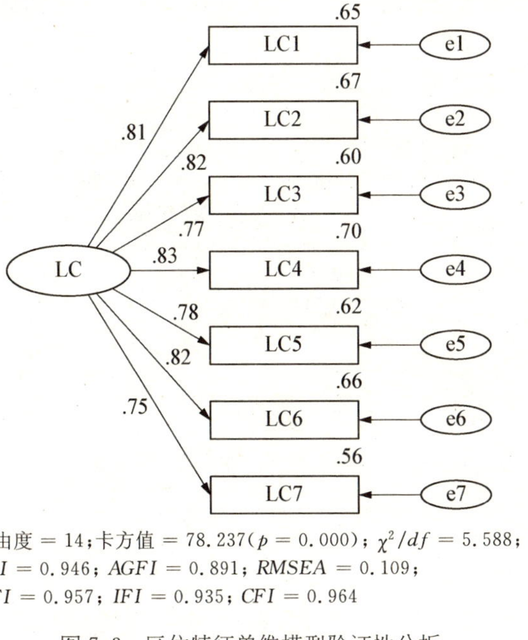

图 7.3　区位特征单维模型验证性分析

4. 价格特征变量信效度分析

（1）信度分析

在文献分析的基础上，明晰了本书的理论构建，确定出价格特征变量的测量要素（表

7.1)。根据理论构建，价格特征变量共包括 3 个测量条款：与周边商品住宅的单价差、房屋总价与价格可接受度，对价格特征要素的测量条款信度分析如表 7.10 所示。

表 7.10　　价格特征要素测量条款信度及回归系数

		删除 α 值	整体 α 值	标准误差	标准化回归系数	P
PC1	与周边商品住宅差价	0.766	0.804		0.701	
PC2	房屋总价	0.639		0.107	0.927	* * *
PC3	价格可接受度	0.787		0.084	0.672	* * *

从表 7.10 来看，价格特征变量的整体信度较高，3 项测量条款的 α 值达到了 0.804，而且两个条款的删除 α 值均没有高过整体 α 值，因此整体信度系数 0.804＞0.70，具有良好的内部一致性，较好地满足了信度水平的要求。

(2) 效度分析

对 386 份样本运用验证性因子分析进行测量效度检验。根据理论分析和本书的理论构建，价格特征变量为单维变量，因此这里构建单维模型对价格特征变量进行验证性因子分析，以检验其测量效度。

- 单维模型，假设问卷中的所有题项都属于一个维度，价格特征变量是一个单维的构念

假设模型拟合指标值如表 7.11 所示。可以看出，单维模型能够较好地拟合测量数据。因此，单维模型具有良好的测量效度。价格特征变量单维模型路径如图 7.4 所示。

表 7.11　　价格特征模型的拟合指标

	χ^2	df	χ^2/df	GFI	RMSEA	AGFI	NFI	IFI	CFI
单维模型	0	0.000	0	1.000	0.590	—	1.000	1.000	1.000

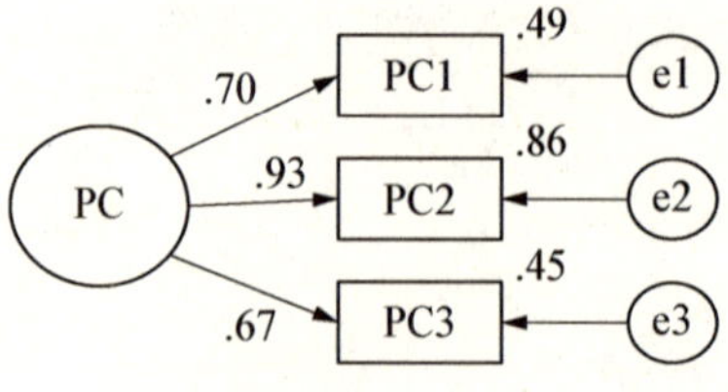

自由度 = 0；卡方值 = 0.000(p = 0.000)；χ^2/df = 0；
GFI = 1.000；$RMSEA$ = 0.590；NFI = 1.000；
IFI = 1.000；CFI = 1.000

图 7.4　价格特征单维模型验证性分析

综合来看,通过对研究变量的测量与分析,对量表数据进行了有效验证:(1)通过对各个维度要素的验证性分析,检验了各个维度及其测量指标的有效性;(2)通过对建筑特征、邻里特征、区位特征和价格特征等四个变量测量量表的信效度分析,验证了这四个变量都是单维构念,模型与数据进行了较好的拟合,并进而得到四个要素具有良好匹配性的维度模型;(3)信效度分析表明,建筑特征、邻里特征、区位特征和价格特征的测量量表具有良好的信度与效度。数据的有效性得以验证,本书将采用该测量数据进行理论假设的检验。

7.2.5 变量关系分析

1. 满意度变量分析

对满意度变量测量指标做因子分析,得到的成分矩阵如表 7.12 所示,两指标的累积解释方差如表 7.13 所示。

表 7.12 成分矩阵[a]

	成分
	1
CC1	.908
CC2	.908

提取方法:主成分。
a. 已提取了 1 个成分。

表 7.13 满意度解释的总方差

成分	初始特征值			提取平方和载入		
	合计	方差的%	累积%	合计	方差的%	累积%
1	1.649	82.449	82.449	1.649	82.449	82.449
2	.351	17.551	100.000			

提取方法:主成分分析

因子分析的结果显示,两个指标的因子载荷均为 0.908>0.700,且聚合为同一个因子。满意度测量指标的累积解释方差为 82.45%,说明测量指标具有良好的效度,能够很好地代表满意度变量。

对满意度变量进行统计分析,得到的各统计量值如表 7.14 所示。

表 7.14 满意度变量统计量

N	有效	386
N	缺失	0
均值		4.20
中值		4.00
标准差		1.512
方差		2.286
极小值		1
极大值		7

根据数据处理所用的实际数据得到的均值为 4.20 分，刚刚过了中间值(4)，这说明满意度并不是太高，并且极小值为 1，说明有非常不满意的存在，表明保障性住房提供效果并不理想，政府在提高保障性住房提供效果方面有较大空间。

实际情景中，该经适房试点保障对象在复审程序中无人自动退出，说明保障对象最终仍对该处经适房采取接受的态度。可以看到，尽管该经适房试点在区位、配套等方面与“两个一千万”工程大致相同，但结局却相去甚远，“两个一千万”由于保障对象的“用脚投票”而销声匿迹，经适房试点却趋之若鹜。笔者认为，原因不在于现在的经适房较“两个一千万”工程在提供模式方面有大的改善，而在于两者间价格优势的差异。“两个一千万”工程的保障对象可以选择实物或货币，实物价格与同地段房屋市场价相差不大，这相当于剔除了价格特征的影响；而经适房单价一般是周边商品房价格的 40%～50%，对保障对象具有极大的吸引力，由图 7.5 亦可看出，价格特征对保障对象满意度的贡献为 0.41，在四个特征变量中所占比例最大。

2. 变量贡献度分析

由图 7.5 可以看出，保障性住房的建筑特征、邻里特征、区位特征、价格特征与保障对象满意度呈正相关关系，提高保障性住房的建筑特征、邻里特征、区位特征、价格特征可以提高保障对象的满意度。四个特征变量的因子荷载分别为：建筑特征(0.21)、邻里特征(0.36)、区位特征(0.26)、价格特征(0.41)。

从单个因素对保障对象满意度的决定比重来看，建筑特征对保障对象满意度的贡献为 0.21。由此可见，仅以面积作为各地保障性住房提供绩效的考核标准是十分片面的，面积仅仅是决定保障对象满意度的特征变量中的一个因素，并不能真实反映保障对象满意度。提高保障对象满意度，不能片面的从保障性住房的某一特征着手，需要系统考虑决定保障对象满意度的四个特征变量。

在保障性住房三方合作模式的保障对象参与机制理论构建中，通过保障对象在项目选址、规划方案、进度及质量控制、竣工交付等四个关键环节不同形式的参与，形成四个子机制：偏好显示机制、选择和评估机制、监督控制机制、评估反馈机制，通过子机制的合理运作，提高保障对象满意度，进而提高保障性住房的提供效果。实证中，在决定保障对象满意度的四个特征变量中，除价格特征并非在保障性住房提供过程中产生外，建筑特征、邻里特征、区位特征产生于保障性住房提供的不同决策环节。其中建筑特征产生于规划方案环节及进度与质量控制环节，邻里特征产生于选址环节和规划方案环节，区位特征产生与选址环节，而竣工交付环节是对保障对象满意度的整体评估。通过实证，验证了保障对象参与机制设置的合理性，说明保障对象参与机制可以有效提高保障对象满意度。

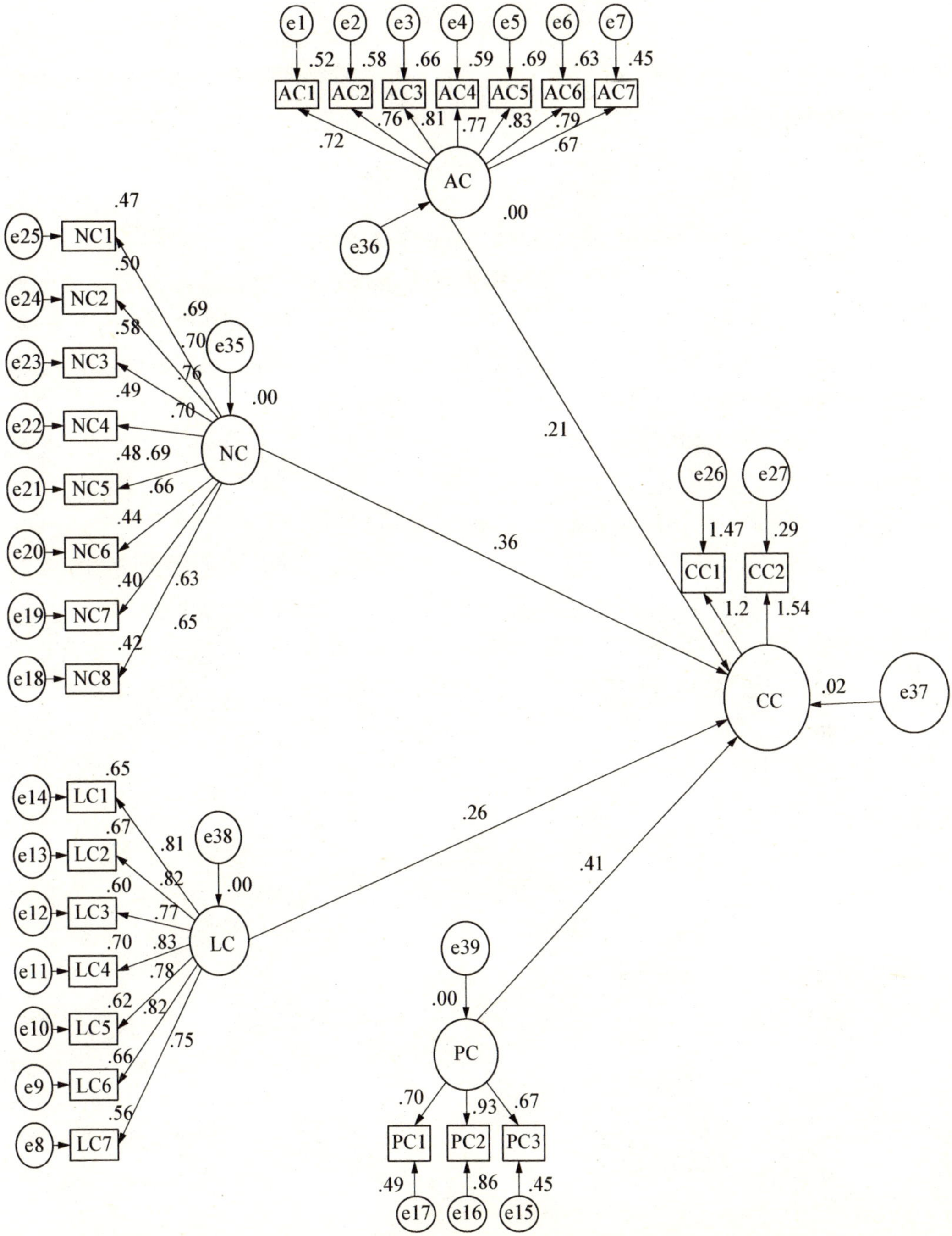

图 7.5　各特征变量对保障对象满意度贡献

7.3 政策建议

1. 改变当前地方政府提供保障性住房的绩效考核标准

当前，对地方政府提供保障性住房的绩效考核标准为保障性住房面积，这是造成保障性住房提供效果不足的主要原因之一，应当改变当前做法，建立更为全面的考核标准。在建立保障对象参与机制的基础上，对保障性住房提供效果的评价，应当以保障对象满意度为基础，综合考虑保障性住房的建筑特征、邻里特征、区位特征、价格特征，形成合理的效果评价体系，从而使地方政府能够真正重视保障对象的需求，并使提供的公共物品与需求相契合。

2. 住房保障中心增加服务保障对象职能

在住房保障中心设立公众参与科，按照保障对象参与机制的要求，该科室当前主要承担保障对象参与职能，在保障性住房提供的项目选址、规划方案、进度及质量控制、竣工交付等四个关键环节，组织保障对象参与、了解保障对象需求、接受保障对象建议并反馈、汇总保障对象意见并处理，使保障对象参与机制真正落到实处，而不是流于形式。

08 >>>

第 8 章 总结与展望

8.1 本书总结
8.2 主要创新点
8.3 研究的不足与后续研究展望

8.1 本书总结

近几年来，随着住房矛盾的日益激化，保障性住房的有效提供成为各界关注的热点，但由于我国保障性住房建设起步较晚，学界对适合我国城市实际情景的保障性住房提供模式的研究尚处于起步阶段。本书综合公共治理领域研究的最新发展趋势，结合保障性住房的基本属性及其提供的现状问题，对城市保障性住房的有效提供模式进行了研究，推动了公共物品提供的相关理论和方法体系的发展，现将主要研究工作和得到的结果总结如下，希望本书所做的工作能为后续研究提供思路和参考。

(1) 对现有与保障性住房提供有关的公共物品提供模式、公私合作和公众参与等理论研究成果进行了详尽梳理，为展开对保障性住房提供模式的研究奠定了基础。

(2) 在分析保障性住房属性的基础上，系统的提出对保障性住房提供绩效的评价应综合效率和效果两个方面。通过对上海保障性住房提供模式变迁历程的研究，一方面比较了提供模式与提供绩效之间的对应关系；另一方面明晰了当前保障性住房提供中存在的效率低下、效果不足的问题。

(3) 以保障性住房提供所可能涉及的政府、企业、志愿组织、保障对象等四种基本组织形式为基础，衍生出六种可供选择的模式，结合提供的效率、效果问题与我国城市发展的现实情景，对各模式特征进行分析，在此基础上提出保障性住房提供的三方合作模式。指出三方合作模式通过将公私合作机制与保障对象参与机制有机结合，可以系统解决保障性住房现存的效率、效果问题。

(4) 以委托代理理论为基础，结合前人的研究成果，指出公私合作机制可以提高保障性住房提供的效率。将公私合作理论嵌入到保障性住房提供的现实情境中，提炼出决定保障性住房提供的公私合作机制取得成功的关键因素，由此构建组成公私合作机制的四个子机制：激励机制、监督机制、风险分担机制、决策权配置机制。通过对保障性住房提供过程的分解，微观探究现有提供模式下政府与房产企业关系存在的问题并加以解决，对子机制进行合理设置，从而构建了保障性住房提供的公私合作机制，用以解决保障性住房提供的低效率问题。

(5) 在明晰保障性住房提供中保障对象参与必要性的基础上，以提高保障性住房提供效果为目标，对 Vroom-Yetton 公众参与模型进行修正，获得基于 Vroom-Yetton 模型的保障对象参与模型，应用模型得到保障对象有效参与的环节及方式，以此为基础构建保障性住房提供的保障对象参与机制，由偏好显示机制、选择评估机制、监督控制机制、评估反馈机制等四个子机制构成。通过子机制的合理设置，有效解决了保障性住房提供的低效果问题。

(6) 通过保障性住房提供效率的案例比较分析，检验了决策权配置机制对保障性住房提供效率的决定性作用，表明通过政府与房产企业之间合理的决策权配置可以有效提高保障性住房的提供效率，从而检验了保障性住房提供的公私合作机制的有效性。

(7) 通过保障性住房提供效果的实证研究，得出了决定保障对象满意度的保障性住房特征变量，通过研究特征变量与保障性住房提供环节之间的对应关系，检验了保障对象参与机制的有效性。

8.2 主要创新点

本书创新点主要体现在以下几个方面：

1. 针对保障性住房提供中存在的效率、效果问题，建立了保障性住房提供的三方合作模式

以保障性住房提供的三方主体（政府、房产企业、保障对象）为基础，衍生出以政府为中心的两组合作关系（政府—房产企业、政府—保障对象），针对保障性住房提供现状中存在的效率低下、效果不足的问题，结合保障性住房的属性特征以及保障性住房提供所面临的外部环境特征，对两组合作关系进行了梳理重构，从而建立了保障性住房提供的三方合作模式，具体由保障性住房提供的公私合作机制和保障对象参与机制构成。

2. 以提高保障性住房提供效率为目标，构建了保障性住房提供的公私合作机制

在深入分析保障性住房提供中政府和房产企业之间存在的委托—代理问题的基础上，以提高保障性住房提供效率为目标，将公私合作理论嵌入到保障性住房提供的现实情境中，提炼出决定保障性住房提供的公私合作机制取得成功的关键因素，由此构建保障性住房提供的公私合作机制，由激励机制、监督机制、风险分担机制、决策权配置机制等四个子机制构成。

3. *以提高保障性住房提供效果为目标，构建了保障性住房提供的保障对象参与机制*

在明晰保障性住房提供中保障对象参与必要性的基础上，以提高保障性住房提供效果为目标，对 Vroom-Yetton 公众参与模型进行修正，获得基于 Vroom-Yetton 模型的保障对象参与模型，应用模型得到保障对象有效参与的环节及方式，以此为基础构建保障性住房提供的保障对象参与机制，由偏好显示机制、选择评估机制、监督控制机制、评估反馈机制等四个子机制构成。

8.3 研究的不足与后续研究展望

本书中虽然对城市保障性住房提供模式进行了一些积极的探索，但由于现有研究条件、时间和自身知识积累的限制，本书还存在一定的局限和不足，这同时也为将来的研究提供了发展空间，需要更多理论学者以及实践工作者作进一步的研究与摸索。

本书研究的保障性住房三方合作模式的主体由政府、房产企业和保障对象组成，三方之间两两对应形成三组关系：政府与房产企业、政府与保障对象、房产企业与保障对象。由于在我国当前情景下，保障性住房的提供不可能摆脱政府的主导，保障性住房提供模式取得成功的关键在于政府，同时本书的落脚点在于政府的改进，因此本书着重研究了以政府为中心的两组关系，未对房产企业与保障对象之间的关系进行阐述。对房产企业与保障对象之间关系进行研究将使三方合作模式更趋于完善，这是下一步研究的一个方向。

本书所研究的保障性住房提供绩效由提供效率和提供效果组成，文中虽然分别针对保障性住房的提供效率和提供效果进行了研究，但未建立统一的保障性住房绩效评估体系。从改善政府治理绩效角度，建立完整、有效的保障性住房绩效评估体系，将便于发现政府在保障性住房提供中存在的问题，从而促进政府善治。如有可能，在之后的研究工作中将加以分析研究。

参 考 文 献

[1] Doling, Comparative Housing Policy [M]. Oxford and Massachusetts: Blackwell, 1999:43 - 44.

[2] Balchin, P. N. and Stewart, Social Housing in Latin America: Opportunities for Affordability in a Region of Housing Need [J]. Journal of Housing and Built Environment, 2001,16(1):333 - 341.

[3] 张维迎.博弈论与信息经济学[M].上海:上海人民出版社,1996.

[4] Wilson, R. Computing Equilibrium of N-Persons Games [J]. SIAM Journal of Applied Mathematics. 1969(3):30 - 34.

[5] Mirrlees, James, "Notes on Welfare Economics, Information and Uncertainty", in Essays on Economic Behavior under Uncertainty [M]. edited by Michael Balch, Daniel McFadden and Shif-yen Wu, Amsterdam: North-Holland, 1974.

[6] Spence M, Job Market Signaling [J]. SIAM Journal of APPlied Mathematies. 1973(3):21 - 23.

[7] Arrow K. Essays in the Theory of Risk Bearing [M]. Chicago: Markham Publishing Company, 1971.

[8] Stiglitz Joseph E and Weiss Andreu. Credit rationing in markets with imperfect information [J]. American Economic Review, 1976(71):393 - 410.

[9] Stiglitz Joseph E. Credit rationing in markets with imperfect information [J]. American Economic Review, 1981(80):23 - 24.

[10] Mirrlees, James, The Optimal Structure of Authority and Incentive within an Organization [J]. Bell Journal of Economics, 1976(7):105 - 31.

[11] Mirrlees, James, The Theory of Moral Hazard and Unobservable Behaviour: Part I [M]. Mimeo, Nuffield College, Oxford University, 1974.

[12] Mirrlees, James, The Optimal Structure of Authority and Incentive within an Organization [J]. Bell Journal of Economics, 1975(7):105 - 31.

[13] Mirrlees, James. An Exploration in the Theory of Optimum Income Taxation. [J]. Review of Economic Studies, 1976(38):334 - 368.

[14] Akerlof, George A. The Market for a "Lemons": Quality Uncertainty and the Market Mechanism [J]. Quarterly Journal of Economics, 1970, vol. 84, Aug. 488 - 500.

[15] Biglaiser, Gary & Mezzetti, Claudio. Principals Competing for an Agent in the Presence of Adverse Selection and Moral Hazard. [J]. Journal of Economic Theory, 1993,61,302 - 330.

[16] Biglaiser, James W Friedman. Adverse selection with competitive inspection. [J]. Journal of Economies and Management Strategy, 1999,8(1):1 - 32.

[17] 盛洪. 盛洪集[M]. 哈尔滨:黑龙江人民出版社,1993.

[18] [英]马歇尔. 经济学原理(1938,上册)[M]. 朱志泰. 北京:商务印书馆,1964.

[19] R. 科斯,A. 阿尔钦,D. 诺思(美),财产权利与制度变迁[M]. 上海:上海三联书店,上海人民出版社,2000.

[20] 贾丽虹. 外部性发生机制与市场缺失的关系新探[J]. 学术研究,2003(4):53~55.

[21] 林成. 从市场失灵到政府失灵:外部性理论及其政策的演进[D]. 辽宁大学管理学院,2007.

[22] 高鸿业. 西方经济学:宏观部分. [M]. 3 版. 北京:中国人民大学出版社,2004.

[23] 樊勇明. 公共经济学[M]. 上海:复旦大学出版社,2005. 31.

[24] Tullock, Gordon. The Welfare Costs of Tariffs, Monopolies and Theft [J]. Westem Economics, 1967,5:224 - 232.

[25] Krueger, Anne O. The Political Economy of the Rent-Seeking Society [J]. American Economic Review, June 1974,64:291 - 343.

[26] [美]巴格瓦蒂. 直接非生产性寻利活动[J]. 政治经济学杂志(美),1982,(5):. 21 - 23.

[27] [美]缪勒(Mueller D C). 公共选择理论[M]. 扬春学,等,译. 北京:中国社会科学出版社. 1999:298 - 302.

[28] Buchanan, JamesM. , Robert D. Tollison, and Gordon Tullock, eds. Toward a Theory of the Rent-Seeking Society [C]. College Station: Texas A&M Press, 1980.

[29] Weisbrod, Burton. Toward a Theory of the Voluntary Nonprofit Sector in Three-Sector Economy. In E. Phelps. eds [M]. Ltruism Morality and Economic Theory,New York: Russel Sage, 1974 .

[30] 吴东民,董西明. 非营利组织管理[M]. 北京:中国人民大学出版社,2003. 42 - 45.

[31] N. Rosenau. Governance in the Twenty-first Century [M]. Global Governance, 1995, vol. 1.

[32] 俞可平. 治理和善治引论[J]. 马克思主义与现实,1999,5.

[33] Jessop, Adverse selection with competitive inspection [J]. Journal of Economies and Management Strategy, 1999,8(1):1 - 32.

[34] Gerry Stoker, Predictive Tool for Estimating Accident Risk. [J]. Journal of Construction Engineering and Management, 1999(4):431 - 436.

[35] [美]戴维·奥斯本,特德·盖布勒. 改革政府[M]. 上海:上海译文出版社,1996.

[36] Kettl, D. F. Sharing Power: Public Governance and Private Markets [M]. Washington. , D. C, Brookings Institution, 1991.

[37] Salamon, L. M. Beyond Privatization the Tools of Government Action [M]. Washington, D. C. Urban Institute Press, 1989.

[38] Koolman, M. Van. Vliet. Governance and Public Management [J]. 1993.

[39] R. Rhodes. The New Governance: Governing Without Government [J]. Political Studies, 1996.

[40] [美]萨缪尔森. 公共支出的纯理论[J]. 经济学与统计学评论,1954,(11):121 - 125.

[41] [美]萨缪尔森. 公共支出理论的图解[J]. 经济学与统计学评论,1955,(4):110 - 114.

[42] [美]布坎南. 自由、市场和国家[M]. 北京:北京经济学院出版社,1988.

[43] [美]埃莉诺·奥斯特罗姆. 公共事物的治理之道[M]. 上海:上海三联书店,2000.

[44] [美]E. S. 萨瓦斯. 民营化与公私部门的伙伴关系[M]. 北京:中国人民大学出版社,2002.

[45] 席恒. 利益权力与责任(公共物品供给机制研究)[M]. 北京:中国社会科学出版社,2006.
[46] [美]理查德·A·马斯格雷夫. 财政制度[M]. 上海:上海三联书店,上海人民出版社. 1996.8.
[47] [美]埃莉诺·奥斯特罗姆. 制度激励与可持续发展[M]. 上海:上海三联书店,上海人民出版社,2000,86-87.
[48] [美]阿玛蒂亚·森. 以自由看待发展[M]. 北京:中国人民大学出版社,2002.
[49] 周志忍. 公共性与行政效率研究[J]. 中国行政管理. 2004,(4):11-14.
[50] 世界银行,世界银行 2004 年发展报告——让服务惠及穷人. [M]. 北京:中国财政经济出版社,2004.
[51] 李学. 不完全契约、交易费用与治理绩效——兼论公共服务市场化供给模式[J]. 中国行政管理. 2009,(1):12-15.
[52] [美]米尔顿·弗里德曼,罗斯·弗里德曼. 自由选择[M]. 北京:商务印书馆,1998.
[53] Niskanen, William A. Bureaucracy and representative government [M]. Chicago: Aldine Atherton, 1971.
[54] [美]杰拉尔德. 迈耶(Gerald M. Meier),[美]斯蒂格利茨(Joseph E. Stiglitz). 发展经济学前言[M]. 北京:中国财政经济出版社,2003.
[55] Row. scott, A. Berger. Measuring the Impact of reform and private participation in infrastructure on the poor. [J]. American Economic Review, 1999(80):23-24.
[56] Hart O, Shleifer A, Vishny RW. The proper scope of government: Theory and an application to prisons [J]. Quarterly Journal of Economics, 1997,112(4):1127-1161.
[57] Besley T, Ghatak M. Government versus private ownership of public goods [J]. Quarterly Journal of Economics, 2001,116(4):1343-1372.
[58] Marco Francesconi, Abhinay Muthoo. Control rights in public-private partnerships [M]. IZA Discussion Paper No. 2143, 2006(5):1-35.
[59] 张成福. 论公共部门和私营部门的伙伴关系[J]. 中国人民大学学报. 2004(2):13-15.
[60] 曹远征. 公共民营合作制及其在中国[J]. 城乡建设. 2003(7):20-21.
[61] 李秀辉,张世英. PPP:一种新型的项目融资方式[J]. 中国软科学. 2002(2):54-55.
[62] 李秀辉,张世英. PPP 与城市公共基础设施建设[J]. 城市规划. 2002(3):18-20.
[63] 王周喜,张勇. PPP 融资模式在西部基础设施建设中的可行性分析[J]. 西北农林科技大学学报:社会科学版. 2002(4):21-23.
[64] 周云圣. 公私合作模式(PPP)及其在我国的应用[J]. 东北财经大学学报. 2003(1):15-17.
[65] 任志涛,李冠军,张世英. 公私伙伴关系的运行方式研究[J]. 北京理工大学学报:社会科学版. 2005(2):54-56.
[66] 李永强,苏振民. PPP 项目的风险分担分析[J]. 经济师. 2005(9):13-15.
[67] 王灏. 加快 PPP 模式的研究与应用推动轨道交通市场化进程[J]. 宏观经济研究. 2005(1):28-31.
[68] 王灏. 城市轨道交通项目 PPP 模式的结构分析[J]. 中国投资. 2004(7):59-61.
[69] 余晖,秦虹. 公私合作制的中国试验[M]. 上海:上海人民出版社. 2005.
[70] 刘志. PPP 模式在公共服务领域中的应用和分析[J]. 建筑经济. 2005(2):27-30.
[71] 张汉卓,聂敏. 运用公私合作模式进行城市轨道交通建设融资[J]. 城市轨道交通研究,2004(3):45-47.

[72] 孙洁.城市基础设施的公私合作管理模式研究[D].同济大学经管学院,2006.
[73] 张喆,贾明,万迪昉. PPP背景下控制权配置及其合作效率影响的模型研究[J].管理工程学报,2009,23(3):23-29.
[74] 赵立力,卜祥智,黄庆. BOT项目运营外包时的各参与方决策分析[J].数学的实践与认识,2008,38(2):5-10.
[75] 赵立力,谭德庆.基于社会效益的BOT项目特许权期决策分析[J].管理工程学报,2009,23(2):125-129.
[76] 左廷亮,赵立力.两种股东结构下BOT项目收益的比较[J].预测,2007,26(6):76-80.
[77] 田一淋.基于PIPP模式的公共住房保障体系研究[D].同济大学经管学院.2008.
[78] 于晓华. PPP模式在社会保障性住房市场化运作的应用探索[J].福建建筑.2009(9):22-24.
[79] 王乾坤,王淑嫱. PPP模式在廉租房项目中的应用研究[J].建筑经济.2007(10):26-30.
[80] 邓大伟,诸大建.保障性住房提供的强制指标配建模式探讨—基于住房的属性[J].城市发展研究.2009,16(1):36-39.
[81] 孙施文,殷悦.西方城市规划中公众参与的理论基础及其发展[J].国外城市规划.2004,19(1):15-20.
[82] Sherry. Arnstein. A Ladder of Citizen Participation [J]. Journal of the AmericanInstituteofPlanners. 1969.
[83] Rawls,John.作为公平的正义:正义新论[M].姚大志,译.上海:上海三联书店.2002.
[84] Daniel Moynihan. Maximum feasible participation community action in the way on poverty [M]. New York: The Free Press, 1969.
[85] David K. Hart. Theories of government related decentralization and citizen participation [J]. Public Administration Review, 1972(12):603-621.
[86] Kweit. Nonhost Community Resident Reactions to the 2002 Winter Olympics: The Spillover Impacts [J]. Journal of Travel Research, 2002(41):46-56.
[87] 全钟燮.公共行政的社会建构:解释与批判[M].北京:北京大学出版社.2008.
[88] 陈金贵.公民参与的研究[J].台湾行政学报.1992(24):95-128.
[89] 诸大建.网络治理作为基本的研究方法[EB/OL].2007年1月5日,http://www.pmpp.cn.
[90] Thomas, J. C. Public Involvement in Public Management: Adapting and Testing a Borrowed Theory [J]. PublicAdministration Review, 1990(50):435-445.
[91] [美]托马斯.戴伊,哈蒙·齐格勒.民主的嘲讽[M].北京:世界知识出版社,1991.
[92] Whitaker, G. P. Co-production: Citizen Participation in Service Delivery [J]. Public Administration Review, 1980,40:240-246.
[93] 李图强.现代公共行政中的公民参与[M].北京:经济管理出版社,2004.
[94] WJ Baumol, WE Oates. The theory of environmental policy [M]. Syndacate of the University of Cambridge. 1988.
[95] 周志忍.我国政府绩效管理研究的回顾与反思[J].公共行政评论.2009(1):34-55.
[96] 王乐夫,倪星.公共行政学[M].北京:高等教育出版社.2006.
[97] 韩敬霞.政府转型带动民间组织发展[EB/OL].文化发展网,http://www.ccmedu.com.cn/detail.aspx? board-ID=4&ID=19253:2006-04-301.

[98] LM Salamon, R da Costa Nunez. Partners in public service: Government-nonprofit relations in the modern welfare state [M] Johns Hopkins University Press (Baltimore, Md.). 1995.
[99] 徐柳. 我国志愿者组织发展的现状、问题与对策[J]. 新华文摘. 2008(18):19-23.
[100] 周志忍. 认识市场化改革的新视角——"公共服务中的市场机制"系列序[M]. 2009.
[101] 郭小东,章力. 公共支出效率评价——带非自主决定输入的两阶段数据包络模型[J]. 公共管理学报. 2009(2):63-69.
[102] [英]达霖. 格里姆塞,莫文. K. 刘易斯. 公私合作伙伴关系:基础设施供给和项目融资的全球革命[M]. 济邦咨询公司,译. 北京:中国人民大学出版社. 2008.
[103] 张维迎. 所有制、治理结构及委托一代理关系[J]. 经济研究. 1996(3):36-45.
[104] Arthur Andersen Enterprise LSE. Value for money drivers in the private finance initiative [J]. 2000.
[105] Berg, S. V., M. G. Pollitt and M. Tsuji, Private Initiatives in Infrastructure, Cheltenham : Edward Elgar [J]. 2002.
[106] [美]埃冈. 纽伯格,威廉. 达菲. 比较经济体制[M]. 北京:商务印书馆. 1984.
[107] 柯永建,王守清,陈炳泉. 私营资本参与基础设施 PPP 项目的政府激励措施[J]. 清华大学学报:自然科学版. 2009(3):56-62.
[108] [英]阿克顿. 自由与权力[M]. 北京:商务印书馆. 2001.
[109] [美]阿历克西德·托克维尔. 论美国的民主[M]. 董果良,译. 北京:商务印书馆. 1988.
[110] David Martimort, Jerome Pouyet. To build or not to build: Normative and positive theories of public-private partnerships [J]. International Journal of Industrial Organization, In Press, Corrected Proof, Available online, 2006.
[111] 李善波,时现. 政府投资项目决策权配置构造实证研究[J]. 中国软科学. 2009(10):79-85.
[112] Brickley JA, Smith C W, Zimmerma J L. Managerial Economics and Organizational Architecture [M]. 3 rd Ed. ed. Boston: McGraw Hill Companies. Inc. 2004.
[113] 陈建安,胡蓓. 决策权配置的界定与测量[J]. 外国经济与管理. 2007,29(2):2-9.
[114] Friedrich August Hayek. Individualism and economic order [M]. University of Chicago Press. 1980.
[115] Lind, E. A., T. R. Tyler. The social psychology of procedural justice [M]. New York: Plenum Press. 1988.
[116] Vroom. V. H., A. G. Jago. The New Leadership: Managing Participation in Organizations [M]. Englewood Cliffs, NJ: Prentice — Hall. 1988.
[117] Sample. V. A. A Framework for Public Participation in Natural Resource Decision-Making [J]. Journal of Forestry, 1993,91:22-27.
[118] Lawrence, R. L, Deagen, D. A. 1 Choosing Public Participation Methods for Natural Resources: A Context — Specific Guide [J]. Society and Natural Resources, 2001,14:857-872.
[119] 刘华,屠梅曾,侯守礼. 自然资源决策领域的公众参与模式研究[J]. 中国软科学,2006(7):12-21.
[120] Thomas. J. C. Public Involvement in Public Management: Adapting and Testing a Borrowed Theory [J]. Public Administration Review, 1990.

[121] [美]约翰克莱顿托马斯. 公共决策中的公民参与:公共管理者的新技能与新策略[M]. 北京:中国人民大学出版社. 2005.

[122] 张金马. 政策科学导论[M]. 北京:中国人民大学出版社,1992:133.

[123] 舒先林. 公共选择理论对规范政府官员行为的启示[J]. 行政论坛,2003(4):26-28.

[124] 李燕凌. 农村公共品供给效率实证研究[J]. 公共管理学报. 2008,5(2):14-20.

[125] 李成威. 公共产品的需求与供给:评价与激励[M]. 北京:中国财政经济出版社,2005.

[126] Hume D. An Enquiry Concerning the Principles of Morals [M]. 3rd ed. By L. A. Selby — Bigge, Revised by P. H. Nidditch. Oxford: Oxford University Press, 1975.

[127] 徐友浩,吴延兵. 顾客满意度在政府绩效评估中的运用[J]. 天津大学学报(社会科学版),2004(4):13-15.

[128] 张劲松. 行政组织的产出:政府能力绩效评估的构建[J]. 行政与法,2006(4):22-25.

[129] 刘武,杨雪. 论政府公共服务的顾客满意度测量[J]. 东北大学学报(社会科学版),2006(2):26-29.

[130] 曾莉. 基于公众满意度导向的政府绩效评估[J]. 学术论坛,2006(6):31-35.

[131] 俞明南,王艳耘,张彦聪. 顾客满意度在政府服务中的应用[J]. 郑州航空工业管理学院学报,2005(4):9-13.

[132] Baillie. S. T, V. Peart. Determinants of housing satisfaction for older married and unmarried women in Florida [J]. Housing and society, 1992,19(2):101-116.

[133] Bonnes et al. U. N. E. S. C. O. Programme on Man and the Biospehere. Urban Ecology Applied to the City of Rome. M. A. B. Italia Project 11. Progress Report N. 4. Rome: M. A. B. Italia and C. N. R, 1991.

[134] Galsteer, Hesseer. The Purposive evaluation of places [M]. A fact approach. Environment and Behavior, 1981,15:659-698.

[135] Ha. M, M. J. Weber. The determinants of residential environmental qualities and satisfaction: Effects of financing, Housing programs and housing regulations [J]. Housing and Society, 1991, 18(3):65-76.

[136] Marans. R. W. Rogers. Toward and understanding of community satisfaction. In Metropolitan America in Contemporary Perspective [M]. Edited by Amos H. Hawley and Vincent p. Rock New York :Wiley, 1975:299-352.

[137] 张原. 城市住宅用户满意度有理论与实证[M]. 北京:中国经济出版社. 2008.

[138] Speare. A. Residential satisfaction as an intervening variable in residential mobility [M]. Demography. 1974.

[139] Garrod. G, WILLIS. K. Valuing the goods characteristics-an application of the hedonic price method to environmental attributes [J]. Journal of Environmental Management. 1992,34(1):59-76.

[140] Richardson. H. W, Vipomd. J, Furbey. R. A. Determinants of urban house prices [J]. Urban Studies. 1974,(11):189-199.

[141] Garrod. T. M, Willis. H. R. Ear-round school schedules and residential property values [J]. Journal of Real Estate Finance and Econmics. 2000,20(3):311-322.

[142] Jud. G. D, Watts. J. M. School and housing values [J]. Land Economics. 1981,57(3):459 - 470.
[143] Kain. J. F, Quigley. J. M. Measuring the value of housing quality [J]. Journal of the American Statistical Association. 1970,(65):532 - 548.
[144] Tyrwainen. L. The amenity value of urban forest :An application of the hedonic pricing method [J]. Landscape and urban Planning. 1997,(37):211 - 222.
[145] Zeithml. V. A. Consumer perceptions of price. Quality and value : a means-end model and synthesis of evidence [J]. Journal of Marketing. 1988,(52):2 - 22.
[146] Brookshire. D. S, Thayer. M. A, Schulez. W. D, et al. Valuing Public Goods: A Comparison of Survey and Hedonic Approaches [J]. The Approaches, The American Economic Review, 1982 (72):165 - 177.
[147] 陈晓萍,徐淑英,樊景立. 组织与管理研究的实证方法[M]. 北京:北京大学出版社. 2008.
[148] 郭志刚. 社会统计分析方法——SPSS 软件应用[M]. 北京:中国人民大学出版社. 2001.
[149] Bollen, K. L Atent V Ariables in P Sychology and the S OcialS Ciences [J]. Annual Review of Psychology, 2002. 53(1):605 - 634.
[150] Bollen, K. Structural Equations with Latent Variables [M]. New York: Wiley. 1989.
[151] Nunnally, J. C. , I. H. Bernstein. Psychometric Theory [M]. New York: McGraw-Hill. 1978.
[152] 刘怀伟. 商务市场中顾客关系的持续机制研究[M]. 杭州:浙江大学出版社. 2003.
[153] 黄芳铭. 结构方程模式——理论与应用[M]. 北京:中国税务出版社. 2005.
[154] 温忠麟,侯杰泰. 结构方程模型检验:拟合指数与卡方准则[J]. 心理学报,2004,36(2):186 - 194.
[155] Tanaka, J. , G. Huba. A General Coefficient of Determination for Covariance Structure Models under Arbitrary Gls Estimation [J]. British Journal of Mathematical and Statistical Psychology, 1989,42(2):233 - 239.
[156] Bagozzi, R. P. , Y. Yi. On the Evaluation of Structural Equation Models [J]. Journal of the academy of marketing science, 1988,16(1):74 - 94.
[157] Bollen, K. A. , J. S. Long. Testing Structural Equation Models [M]. California: Newbury Park, CA. 1993.
[158] McDonald, R. , M. Ho. Principles and Practice in Reporting Structural Equation Analyses [J]. Psychological Methods, 2002,7(1):64 - 82.
[159] Steiger, J. H. Structural Model Evaluation and Modification: An Interval Estimation Approach [J]. Multivariate Behavioral Research, 1990,25(2):173 - 180.
[160] Bentler, P. Structural Equation Modeling with Small Samples: Test Statistics [J]. Multivariate Behavioral Research, 1999,34(2):181 - 197.
[161] Bentler, P. , D. Bonett. Significance Tests and Goodness of Fit in the Analysis of Covariance Structures [J]. Psychological bulletin, 1980,88(3):588 - 606.
[162] Hu, L. , P. M. Bentler. Cutoff Criteria for Fit Indexes in Covariance Structure Analysis: Conventional Criteria Versus New Alternatives [J]. Structural equation modeling, 1999,6(1):1 - 55.
[163] Bentler, P. Comparative Fit Indexes in Structural Models [J]. Psychological bulletin, 1990,107 (2):238 - 246.

附录：保障性住房试点居民满意度调查问卷

尊敬的居民：

您好！非常感谢您配合上海市住房保障中心的问卷调查。本次调查旨在了解您对拟安置经济适用房的满意度。您的真实回答对我们的工作帮助很大，所有信息及资料仅作工作研究之用，我们均予以严格保密。以下问题的答案没有对与错的区别，请您根据自己的真实想法，回答每一道题，以使本问卷有效。请在最能反映您满意程度的数字上打“√”。此次调查占用您宝贵的时间，我们向您致以万分感谢！

住房保障中心

一、请您评价您选定的住房

	非常满意	很满意	较满意	满意	不满意	较不满意	非常不满意
1. 住房面积	7	6	5	4	3	2	1
2. 住房质量	7	6	5	4	3	2	1
3. 户型结构	7	6	5	4	3	2	1
4. 采光通风	7	6	5	4	3	2	1
5. 朝向	7	6	5	4	3	2	1
6. 楼层	7	6	5	4	3	2	1
7. 水电煤配套	7	6	5	4	3	2	1

二、请您评价居住小区的配套及环境

	非常满意	很满意	较满意	满意	不满意	较不满意	非常不满意
8. 小区周边的医疗配套	7	6	5	4	3	2	1
9. 小区周边的教育配套	7	6	5	4	3	2	1
10. 小区周边的商业网点	7	6	5	4	3	2	1
11. 小区周边的配套餐饮	7	6	5	4	3	2	1
12. 小区周边的文化娱乐设施	7	6	5	4	3	2	1
13. 小区绿化水平	7	6	5	4	3	2	1
14. 小区空气质量	7	6	5	4	3	2	1
15. 小区的噪声	7	6	5	4	3	2	1

三、请您评价居住小区的位置

	非常满意	很满意	较满意	满意	不满意	较不满意	非常不满意
16. 居住地点交通的便利性	7	6	5	4	3	2	1
17. 交通成本	7	6	5	4	3	2	1
18. 出行时间	7	6	5	4	3	2	1
19. 距地铁距离	7	6	5	4	3	2	1
20. 距公交车站距离	7	6	5	4	3	2	1
21. 距商业区(CBD)距离	7	6	5	4	3	2	1
22. 距市中心距离	7	6	5	4	3	2	1

四、请您评价住房价格

	非常满意	很满意	较满意	满意	不满意	较不满意	非常不满意
23. 与周边商品房相比 您对住房单价的感受	7	6	5	4	3	2	1
24. 你感觉住房总价的合理程度	7	6	5	4	3	2	1
25. 相对于你的支付能力 您对住房总价的感受	7	6	5	4	3	2	1

五、请您评价您对住房的满意程度

	非常满意	很满意	较满意	满意	不满意	较不满意	非常不满意
26. 您对该处经适房 总体上感到满意吗	7	6	5	4	3	2	1
27. 与您购买前的预期相比 您对该处经适房感到满意吗	7	6	5	4	3	2	1

六、您的基本情况(请在您的选项上打“√”)

1. 您的性别： ① 男 ② 女
2. 您的年龄： ① 30 岁以下 ② 30—40 岁 ③ 41—50 岁 ④ 50 岁以上
3. 您的教育程度： ① 高中以下 ② 高中/中专 ③ 大专 ④ 本科 ⑤ 硕士及以上
4. 您的家庭人均财产： ① 少于或等于 3 万元 ② 3 万至 4 万之间 ③ 4 万至 5 万之间 ④ 5 万至 6 万之间 ⑦ 6 万至 7 万之间
5. 您的家庭人均月收入： ① 425—1000 元 ② 1000—1500 元 ③ 1500—2300 元
6. 您的职业：

(1) ① 中高层管理者 ② 一般管理人员 ③ 专业技术人员 ④ 普通员工
⑤ 离退休人员 ⑥ 待业人员 ⑦ 下岗人员 ⑧ 其他

(2) ① 党政机关 ② 事业单位 ③ 国有企业 ④ 合资或外资企业
⑤ 民营或私营企业 ⑥ 下岗 ⑦ 其他

七、住房基本情况及住房需求调查(请在您的选项上打"√")

1. 您的家庭人均居住面积:① 小于等于 5 平方米　② 5—10(含 10)平方米　③ 10—15(含 15)平方米

2. 您目前住房常住人口数:

① 1 人　② 2 人　③ 3 人　④ 4 人　⑤ 5 人及以上

3. 您期望的住房建筑面积(单位:平方米):

① 50 及以下　② 51—70　③ 71—90　④ 91—120　⑤ 121 以上

4. 您能承受的住房单价(单位:元/平方米):

① 4000 及以下　② 4001—5000　③ 5001—6000　④ 6001—7000　⑤ 7001 以上

5. 您能承受的合适的住房总价为(单位:万元):

① 20 及以下　② 21—30　③ 31—40　④ 41—50　⑤ 50 以上

6. 您选择经适房最看重的是(按重要程度可多选):

① 地理位置　② 周边配套　③ 交通便利度　④ 价格优惠　⑤ 升值潜力

调查到此结束,谢谢您的合作!